टॉपर्स के टॉप टिप्स

(हर परीक्षा में सफलता के द्वार की चाबी)

जे.पी.एस. जौली

www.diamondbook.in

प्रकाशक: डायमंड पॉकेट बुक्स (प्रा.) लि.
X-30, ओखला इंडस्ट्रियल एरिया, फेज-II
नई दिल्ली-110020
फोन : 011-40712200
ई-मेल : sales@dpb.in
वेबसाइट : www.diamondbook.in

Toppers Ke Top Tips (Hindi)
By : J. P. S Jolly

भूमिका

इस पुस्तक को लिखने का उद्देश्य केवल आपको परीक्षा में पास होने के लिये जानकारी देना ही नहीं, बल्कि आपको यह विश्वास दिलाना है कि टॉपर बनना न तो मुश्किल है, न ही नामुमकिन। इसके साथ आपको सीधी सरल भाषा में ऐसे सभी गुणों से अवगत कराने की कोशिश की गई है, जिससे आप किसी भी परीक्षा में आसानी से टॉपर बन सकें। आज का दौर प्रतिस्पर्धा का दौर है, इसलिये जरूरी है कि हम दूसरों से आगे रहने के लिये समय के साथ पढ़ाई–लिखाई की नई तकनीक और विचारों को अपनाएं। बदलते समय के साथ सबकुछ बदल रहा है, इसलिये यदि दूसरों से आगे चलना है तो हमें अपनी सोच और विचारों को उन ऊंचाइयों तक ले जाना होगा जहां पर उनकी सोच खत्म हो जाती है। हमारी ज़िंदगी बिलकुल वैसी ही बनती है जैसी हम बनाते हैं। वास्तव में सफलता हमें तभी मिलती है जब हम दिल से उसे चाहते हैं। यदि आप सचमुच टॉपर बनने की इच्छा रखते हैं, तो हम आपको यह विश्वास दिलाते हैं कि आप बहुत जल्द बन भी जाएंगे। बस उसके लिये आपको इतना करना है कि इस पुस्तक में लिखे हुए टॉपर्स के टॉप टिप्स को ईमानदारी से अपनाना होगा।

यह सच है कि इस विषय पर बहुत कुछ पहले भी लिखा जा चुका है। यहां यह बताना जरूरी है कि हर लेखक की सोच और विषय को देखने का नज़रिया अलग होता है। आज के समय में टॉपर बनने का हक सभी को है। अब यह केवल कुछ खास छात्रों की जागीर नहीं रह गई। कुछ विद्यार्थियों के पास हो सकता है कि पढ़ाई करने के अच्छे संसाधन न हों, पर पढ़ाई करने और टॉपर बनने का अधिकार सभी को है। कोई भी छात्र यदि चाहे तो अपनी लगन और मेहनत की बदौलत यह मुकाम हासिल कर सकता है। यह बात इतने विश्वास से हम इसलिये कह रहे हैं, क्योंकि जब लोहे का काम करके कोई 'टाटा' और जूतों का काम करके कोई 'बाटा' बन सकता है, तो फिर आप अपनी मेहनत से टॉपर क्यों नहीं बन सकते।

हमारी तो यही कामना है कि इस पुस्तक को पढ़ने के बाद आपके जीवन में सफलता का नया अध्याय शुरू हो।

एक बात हमें सदा याद रखनी चाहिए कि हम जिस चीज के बारे में सोच सकते हैं, उसे पा भी सकते हैं। ऐसे में यदि शिक्षा पाने की विधि, परीक्षा की तैयारी के बारे में छात्रों को ठीक से जानकारी मिल जाए तो सिर्फ एक नहीं, बल्कि आने वाली कई पीढ़ियों का भविष्य आसानी से बदला जा सकता है। अपने अनुभव के आधार पर हमने शिक्षा के महत्त्व से लेकर ज्ञान, आत्मविश्वास, कर्मों की अहमियत और टॉपर बनने के सभी महत्त्वपूर्ण गुणों को सरल भाषा में अभिव्यक्त करने का प्रयास किया है। आप अपने जीवन को सफल एवं ज्ञानपूर्ण तो बना ही सकते हैं, साथ ही यह पुस्तक सभी प्रतियोगियों को सही दशा और दिशा दिखाएगी, जिससे आने वाले समय में उनका बेहतर मार्गदर्शन हो सके। हम यह उम्मीद करते हैं कि इस पुस्तक से हर छात्र को उसके मन में उठ रहे परीक्षा से जुड़े सभी सवालों के जवाब भी मिल जाएंगे। जहां तक टॉपर बनने की बात है तो हम यह बताना चाहेंगे कि टॉपर बनने का एक ही सुनहरा मंत्र होता है कि कोई भी मंत्र सुनहरा नहीं होता।

अंत में, मैं अपने सभी मित्रों, परिवार के सदस्यों के साथ डायमंड पॉकेट बुक्स के चेयरमैन नरेन्द्र कुमार वर्मा को भी धन्यवाद देना चाहता हूं, जिनके सहयोग से मैं इतनी सारी कामयाब पुस्तकें आप तक पहुंचा पाया हूं। आपके विचार मेरे लिये अनमोल हीरे की तरह होते हैं। मैं उम्मीद करता हूं कि पहले की तरह अब भी आप अपने बहुमूल्य विचारों से अवगत कराते रहेंगे। मेरी प्रभु परमेश्वर से यही प्रार्थना है कि आप खुशी–खुशी अपनी मंजिल की ओर बढ़ते हुए हर परीक्षा में सदा ही टॉपर बनते रहो। शुभकामनाओं के साथ!

–जे.पी.एस. जौली

15–16/5, कम्यूनिटी सेंटर,
नारायणा फेज–1, नई दिल्ली–110028
फोनः 011–65453115 फैक्सः 011–45418073
E-Mail: jollyuncle@gmail.com
Web: www.jollyuncle.com

लेखक के बारे में

4 नवम्बर, 1953 को उत्तर प्रदेश के मेरठ जिले में जन्मे जौली अंकल (जे.पी.एस. जौली) ने एक कामयाब लेखक के रूप में अपनी अलग पहचान बनाई है। लगभग एक दर्जन पुस्तकों के साथ इनकी लगभग 600 रचनाएं विभिन्न समाचार पत्रों, पत्रिकाओं में प्रकाशित हो चुकी हैं। जौली अंकल की शुरू में लिखी हुई चंद पुस्तकों को पाठकों ने जब पसंद किया तो उनका हौसला बढ़ा। उसके बाद उन्होंने अपनी पूरी ऊर्जा लेखन में लगा दी और कभी पीछे मुड़कर नहीं देखा। उनका मानना है कि हर लेखक की सोच अलग होती है इसलिये उसे सदा भीड़ से अलग रहते हुए अपनी पहचान बनानी चाहिए। शायद यही कारण था कि इन्होंने अपने लिये बिलकुल नई किस्म की राह चुनी।

जौली अंकल एक अनूठे लेखक हैं और उनकी हर पुस्तक पढ़ने वालों पर प्रभावशाली असर डालती है। इन्होंने जो शैली अपनाई है, उसने समाज़ को एक नई दिशा प्रदान की है। इनका मानना है कि सफ़ल लेखक बनने के लिये केवल बड़ी–बड़ी या भारी–भरकम बातें लिख देना ही काफ़ी नहीं होता, बल्कि दिमाग की बौद्धिक मजबूती व मेहनत ही एक इंसान को सफ़ल लेखक बनाती है। इसके साथ यह भी जरूरी है कि अच्छी पुस्तक लिखने के साथ समाज को सकारात्मक सोच की ऐसी खुराक दी जाये, जिससे हर कोई तरक्की की राह पर आगे बढ़ सके।

ज़िंदगी का अनुभव बांटते हुए जौली अंकल मानते हैं कि यदि सभी लेखक अपनी जिम्मेदारी ठीक से निभानी शुरू कर दें तो वे सिर्फ अपने समाज की ही नहीं, बल्कि सारे संसार की सोच को बदल सकते हैं। इसके

साथ ही उनका यह भी मानना है कि यह काम कोई कठिन भी नहीं है, बस जरूरत है तो सिर्फ हमारी अपनी लगन और इच्छाशक्ति की। इसकी बदौलत यह सब कुछ आसानी से किया जा सकता है। उन्होंने अनेक विषयों पर बहुत सारी सफल किताबें लिखी हैं। इनकी कहानियों के बारे में क्या कहा जाये। हर कहानी एक से बढ़कर एक है। जिन्हें पढ़ते–पढ़ते मन नहीं भरता। इनके द्वारा लिखी हुई पुस्तकें विदेशों में भी काफी लोकप्रिय हैं। इनकी पुस्तकों को अब हिंदी भाषा के अलावा अंग्रेजी, पंजाबी, बंगाली, मराठी एवं गुज़राती भाषा में भी प्रकाशित किया जा रहा हैं। पुस्तक प्रेमी उनकी लिखी हुई रचनाओं को सराहने के साथ, उनके हर संदेश को खुशी–खुशी अपने जीवन में अपना रहे हैं। जौली अंकल को अनेक प्रतिष्ठित सम्मानों एवं पुरस्कारों से सम्मानित किया जा चुका हैं।

प्रकाशक

विषय सूची

1. आप भी बन सकते हैं टॉपर

एक अध्यापक ने क्लास टेस्ट में कम अंक आने पर एक छात्र को अपने पास बुलाकर कहा कि तुम बातें तो बहुत बड़ी–बड़ी करते हो कि इस बार मैं स्कूल में टॉपर बनकर दिखाऊंगा। तुमसे क्लास टेस्ट तो अच्छे से पास होता नहीं, टॉपर कैसे बनोगे? क्या इस बार भी तुम्हें परीक्षा में प्रश्न पत्र बहुत मुश्किल लग रहा था? छात्र ने जवाब दिया कि सर! प्रश्न तो ठीक–ठाक ही थे, लेकिन मुझे जवाब लिखने में जरूर थोड़ी मुश्किल हो रही थी।

टीचर ने उस छात्र से कहा कि पिछली बार तुम कह रहे थे कि तुम्हारी परीक्षा तो हर बार अच्छी होती है, लेकिन न जाने स्कूल वाले अंक अच्छे क्यों नहीं देते। अध्यापक ने उसे आगे समझाते हुए कहा कि अगर तुम सच में परीक्षा में सफल होना चाहते हो तो तुम्हें सबसे पहले अपनी सोच को सकारात्मक बनाना होगा। छात्र ने पूछा– "क्या इस तरह से मैं भी टॉपर बन सकता हूं?" इस पर टीचर ने कहा कि एक बार यदि तुम दृढ़ संकल्प ले लो तो फिर टॉपर बनना कोई कठिन काम नहीं रह जाता।

हर छात्र जब छोटा होता है तो वह जल्दी से बड़ा होना चाहता है। वह सिर्फ बड़ा ही नहीं बनना चाहता, बल्कि जल्द–से–जल्द बड़ा होकर बड़े–बड़े लक्ष्य हासिल भी करना चाहता है। सभी छात्रों के मन में वह सभी काम करने की इच्छा होती है, जो उनसे बड़े लोग कर रहे होते हैं। जब शिक्षा पाने और सफल होने की यह चाह किसी भी छात्र के मन में जाग उठती है, तो फिर दुनिया की कोई भी शक्ति उसे टॉपर बनने से नहीं रोक सकती। छात्रों को यह भी समझना होगा कि शिक्षा ही एक मात्र ऐसा क्षेत्र है जिसका कोई शिखर नहीं होता, इसलिये कोई भी छात्र चाहे तो आसमान की बुलंदियों को छू सकता है, ठीक उसी तरह जिस प्रकार एक पतंग धीरे–धीरे आकाश की ओर बढ़ती चली जाती है। अब तो आपको विश्वास हो जायेगा कि ज्ञान के माध्यम

से आप न सिर्फ हर परीक्षा में पास हो सकते हैं, बल्कि प्रथम स्थान पाकर टॉपर भी बन सकते हैं।

शिक्षा क्षेत्र से जुड़े हुए विशेषज्ञ बताते हैं कि किसी भी जंग को 50 प्रतिशत सकारात्मक सोच और बाकी 50 प्रतिशत अपनी कोशिश और मेहनत से जीता जा सकता है। किसी भी परीक्षा में सफल होने के लिये सबसे पहले आपको सकरात्मक उम्मीद को कायम रखते हुए अपने विचारों में बदलाव लाना पड़ता है। इस बात को इस उदाहरण से भी समझा जा सकता है कि कुदरत की हर बड़ी चीज एक छोटी–सी चीज से ही बनती है, जैसे– बड़ा पेड़ एक छोटे से बीज से, एक बड़ी नदी एक–एक बूंद के मिलने से ही बनती है। ठीक उसी तरह आप भी छोटे–छोटे अध्यायों को पढ़कर बहुत सारा ज्ञान हासिल करते हुए सफल हो सकते हैं।

टॉपर बनने जैसे किसी भी लक्ष्य को तभी पाया जा सकता है, जब आप धैर्यपूर्वक और पूरी लगन से संतुलित रहते हुए हर परीक्षा को पास करते जाएं। आपने अकसर देखा होगा कि जिस प्रकार नदी के आगे से बांध हटा दिया जाए तो वह सहज बहने लगती है। उसी प्रकार यदि आप अपने मन से हर तरह के संदेह निकाल दें तो जीत पक्के तौर से तय होने लगती है। जब तुम्हारा कोई साथी किसी कार्य को असंभव बताए तो उस पर विश्वास नहीं करना चाहिए, क्योंकि इस संसार में कुछ भी असंभव नहीं है।

जो छात्र सच्चे मन से सीखने की चाह रखते हैं, वह एक चींटी से भी पंक्तिबद्ध होकर अपने काम में व्यस्त रहने की कला सीख सकते हैं। आप भी अगर अपने जीवन के हर लक्ष्य को सही मायनों में पाने का ख्वाब देखते हैं, तो उसके लिये अपने अंदर सोये हुए आत्मविश्वास को जगाना होगा। आप शायद जानते नहीं कि आपके अंदर ज्ञान का बहुत बड़ा भंडार है, लेकिन अफ़सोस उस समय होता है जब बहुत सारे छात्र अज्ञानतावश इसका सही तरीके से फ़ायदा नहीं उठा पाते।

परीक्षा में एक टॉपर और असफल होने वाले छात्र के बीच जो फर्क होता है, वह शक्ति और ज्ञान का नहीं, बल्कि इच्छाशक्ति का होता है। सफलता की डगर पर चलते हुए जो लोग अपने लक्ष्य की ओर ध्यान केंदित करने की बजाय दूसरों की ज़िंदगी में दखलंदाजी करने में समय बर्बाद करते रहते हैं, वे अकसर अपनी ज़िंदगी को आगे ले जाने में पिछड़ जाते हैं। यदि कभी किसी

कारण से जीवन में हार से सामना हो भी जाये तो उस पर पछताने की बजाय फिर से अगली सफलता की तैयारी में जी–जान से जुट जाना चाहिए। अनुभवी लोगों का तो यही मानना है कि लगातार प्रयास करने से ही जीत हासिल की जा सकती है।

जब आप किसी नये विषय का अध्ययन शुरू करते हैं या परीक्षा नज़दीक आने लगती है, तो कुछ छात्र उससे खौफ़ खाकर घबराने लगते हैं। ऐसे में उनका मन विचलित हो उठता है और एक अज़ीब–सी दुविधा पैदा होने लगती है कि क्या मैं भी कभी सफ़ल हो पाऊंगा? असफलता का भय किसी भी विद्यार्थी को उस समय तक सताता है जब तक उसने सफल होने के लिये पूरे मन से प्रयास न किये हों।

जीवन में असफल भी केवल वही लोग होते हैं, जिनके मन में सकारात्मक सोच की जगह कहीं–न–कहीं नकारात्मक सोच हावी होती है। समुद्र की लहरों को यदि गौर से देखा जाए तो वे भी बार–बार हर किसी को यही संदेश देती हैं कि ज़िंदगी में कई बार ठोकर खाकर गिरना पड़ता है, लेकिन यदि अपनी मंजिल को पाना है तो फिर हिम्मत करके उठने से कभी भी घबराना नहीं चाहिए।

कई बार छात्र अपनी ज़िंदगी में सबसे बड़ी भूल यही करते हैं कि किसी काम के नतीज़ों से डरकर उसे करने की कोशिश ही नहीं करते। जब तक कोई भी छात्र अपने आप में कामयाब होने का विश्वास नहीं बनाता, उस समय तक कोई भी दूसरा व्यक्ति उसको सफलता दिलाने में मदद नहीं कर सकता। परीक्षा चाहे किसी भी स्तर की हो, सफलता पाने के लिये इरादों में जीत की गूंज और जुनून की बहुत महत्त्वपूर्ण भूमिका होती है।

हर छात्र को चाहिए कि अपने मित्रों के साथ आपस में सदा सकारात्मक और प्रेरणादायी विचार–विमर्श ही करे। इससे आप यह महसूस करेंगे कि सब कुछ अच्छा हो रहा है। जब भी मन में कोई भी नकारात्मक भाव उठे तो उसे उसी समय रोक दें, उदाहरण के तौर पर–जैसे मुझे लगता है कि मैं शायद इस बार परीक्षा में टॉप नहीं कर पाऊंगा। अब इसी बात को इस प्रकार से रोकने की कोशिश करें कि 'चाहे कुछ भी हो जाए, मैं अपने कॉलेज़ में टॉप करके दिखाऊंगा'। इसी तरह दूसरा एक उदाहरण है कि आज मेरा मन पढ़ाई में नहीं लग रहा। अब इस नकारात्मक विचार को सकारात्मकता में

बदलने का आसान तरीका यही है कि हम कहें कि 'चाहे कुछ भी हो जाए, आज मैं पूरा कोर्स खत्म करके ही दम लूंगा', ऐसी सोच अगर आपकी बन जाती है, तो हम आपको विश्वास दिलाते हैं कि आपका टॉपर बनने का सपना जरूर पूरा हो सकता है।

इन सभी बातों के साथ यह भी याद रखें कि टॉपर बनने वाले छात्र कोई चमत्कार नहीं करते, बल्कि वे जो कुछ करते हैं दुनिया वाले उसे चमत्कार कहने लगते हैं। इसलिये बचपन से ही पढ़ने की आदत बनानी चाहिए। आदत बनेगी तो पढ़ाई करने का स्वभाव भी अपने आप बन जायेगा। जब हर तरफ से ज्ञान पाने और लगातार पढ़ने का स्वभाव बन जाता है तो फिर कामयाबी के पीछे भागना नहीं पड़ता, वह खुद ही चलकर हमारे पास चली आती है। किसी भी टॉपर का मुकाबला किसी दूसरे के साथ नहीं होता। उन्होंने जो कुछ आज तक उपलब्धियां हासिल की होती हैं, वे हर बार उससे और अधिक बेहतर करने का लक्ष्य बनाते चले जाते हैं।

अगर कोई छात्र अपनी जवानी में जोश और उमंग भरी बातें नहीं करता तो ऐसे विद्यार्थी न सिर्फ बहुत जल्दी थकने लगते हैं, बल्कि जवानी में ही बूढ़ों की तरह थकी–थकी निराशा भरी बातें सोचने लगते हैं। इतनी–सी बात तो हर कोई जानता है कि रोता हुआ बच्चा भी बुरा लगता है, हंसता हुआ बूढ़ा भी अच्छा लगता है। इसलिये आज से एक बात अपने पल्ले बांध लेना कि चाहे आपके हाथ में मोबाइल हो या न हो, लेकिन चेहरे पर स्माइल जरूर होनी चाहिए।

अब आपके मन में एक और प्रश्न उठ रहा होगा कि हमें सफलता की राह दिखाएगा कौन? वैसे तो आज की तारीख में हर किसी के पास शिक्षा ग्रहण करने के बहुत सारे माध्यम उपलब्ध हैं। स्कूल–कॉलेज़ में अच्छे काबिल अध्यापक, घर में मम्मी–पापा, ट्यूशन एवं कोचिंग सेंटर भी हमारी इस राह को बहुत हद तक आसान बना सकते हैं। इसी के साथ इंटरनेट जैसी सुविधा और बड़े–बड़े पुस्तकालय भी शिक्षा और ज्ञान बढ़ाने में अहम भूमिका निभा रहे हैं।

पुस्तकालय का जिक्र आते ही महान लेखकों की पुस्तकों की ओर ध्यान जाना स्वाभाविक ही है। विद्वान और महान लेखकों की पुस्तकें हर विषय पर हमारा मार्गदर्शन कर सकती हैं। पुस्तकें ही हमें यह बताती हैं कि सफलता

और विवादों का तो आपस में चोली–दामन का रिश्ता है। सफलता किसी प्रकार की होशियारी से नहीं, बल्कि पूर्ण समर्पण से मिलती है। पढ़ाई में सफलता के तीन रहस्य हैं– कोशिश, साहस और योग्यता। किसी भी परीक्षा में सफलता उसके पीछे की हुई मेहनत से ही मिलती है, लेकिन आमतौर पर हमें सफल होने वाले छात्र की सफलता तो दिखाई देती है, लेकिन उसके पीछे किया हुआ परिश्रम किसी को दिखाई नहीं देता।

हर अच्छी किताब में इतनी ताकत होती है कि वह हमारा जीवन संवार सकती है। जो पुस्तकें हमें सबसे अधिक सोचने के लिए विवश करती हैं, वही हमारी सबसे बड़ी सहायक होती हैं। अच्छी पुस्तकें अच्छे साथियों की तरह होती हैं, इसलिए अपने लक्ष्य को पाने के लिये हमें सदा उनका अध्ययन करते रहना चाहिए। हर इम्तिहान की सफलता का रास्ता बेहतर किताबों से ही होकर जाता है। किताबें ऐसी शिक्षक हैं, जो बिना कष्ट दिए, बिना आलोचना किए और बिना परीक्षा लिए हमें भरपूर ज्ञान देती रहती हैं।

पढ़ाई के क्षेत्र में सफ़ल होना, हमारे अपने ऊपर निर्भर करता है कि हम किस विशेष विषय के लिए कैसी पहल करते हैं। हमें भाग्य का साथ भी तभी मिलता है, जब हम पूरी लगन और साहस के साथ प्रयास करना शुरू करते हैं। सफल होने के लिये पढ़ाई करते समय यह बात महत्त्वपूर्ण नहीं होती कि हम कितने घंटों तक पुस्तकें लेकर बैठे रहे, बल्कि यह ज्यादा जरूरी होता है कि हमने कितने ध्यान से और क्या पढ़ाई की है? उसमें से हम अपने विषय के बारे में कितना कुछ ठीक से समझ पाए और कितना कुछ हमें याद हो पाया है। किसी भी विषय को तोते की तरह रटने की बजाय उसे गहराई से समझना अधिक महत्त्वपूर्ण होता है। इसका छात्रों को परीक्षा में यह लाभ होता है कि सवाल चाहे किसी भी तरह से घुमाकर पूछा जाए, उसका जवाब लिखने में कोई कठिनाई नहीं होती। हमारे बुजर्ग इस बात से जुड़ी हुई एक कहावत कहते हैं कि जिसे सब कुछ याद है वह आबाद है, जो पढ़कर भी सब कुछ भूल गया, वह आज भी और कल भी बर्बाद है।

कई नौजवान छात्र–छात्राओं के मन में यह धारणा होती है कि बिना कोचिंग के किसी भी परीक्षा में अच्छे अंक हासिल नहीं किये जा सकते। ऐसी धारणा मन में बनाना बिलकुल गलत है। क्योंकि कोचिंग सेंटर हमारी पढ़ाई को थोड़ा सरल जरूर बना देते हैं, लेकिन वे भी हमारी सफलता की गारंटी

नहीं दे सकते। वैसे भी कोचिंग सेंटर में पढ़ाई करने से हमें 25–30 प्रतिशत ही मदद मिल पाती है। इस तरह के मार्गदर्शन से यह सहायता जरूर मिलती है कि हमें मुश्किल विषय भी आसानी से समझ आने शुरू हो जाते हैं। कुछ छात्रों को अपनी कमियों के बारे में मालूम हो जाता है, जिन्हें सुधारकर वे अपनी सफलता को निश्चित कर सकते हैं।

किसी भी छात्र को चाहिए कि अपनी कमियों को जानने के बाद उनसे घबराने या डरने की बजाय हिम्मत से उन्हें दूर करने का प्रयास करे। हर अध्याय के छोटे–से–छोटे खंड को नियमबद्ध तरीके से पढ़ा जाए। फिर भी जहां कहीं कोई परेशानी लगे तो अपने अध्यापक या माता–पिता से मदद ले सकते हैं। यही अभ्यास परीक्षा से पहले सभी छात्रों को कोर्स पूरा करने में मददगार होता है। साथ ही वे यह तकनीक भी सिखा देते हैं, जिससे हम हर विषय को जरूरत के मुताबिक समय देकर परीक्षा की तैयारी ठीक से कर पाते हैं। जो छात्र ज्ञान पाने की इस कला को सीख लेते हैं, वे किसी भी परीक्षा में आसानी से सफल हो सकते हैं।

कुछ छात्रों के मन में यह धारणा होती है कि जीवन में हमें जो कुछ भी मिलता है वह सिर्फ अपने भाग्य से ही मिलता है, लेकिन सच्चाई यह है कि जीवन में हमें जो कुछ भी मिलता है उसमें हमारे भाग्य से अधिक हमारे कर्मों का योगदान रहता है। हर छात्र को सफलता उसकी मेहनत और लगन से ही मिल पाती है। एक बात तो हर कोई जानता है कि किसी भी परीक्षा में टॉपर बनने के लिये सबसे अधिक आवश्यकता होती है हर विषय की विस्तार से जानकारी। यह सारी जानकारी हासिल करने का एक ही तरीका है और वह यह है कि अपने हर विषय की अधिक–से–अधिक पढ़ाई की जाए। उसे बार–बार उस समय तक दोहराया जाए, जब तक वह हमारे दिमाग में ठीक से बैठ न जाए। अब यदि हमें दूसरे छात्रों से हटकर परीक्षा में टॉप करना है, तो उसके लिये दृढ़ निश्चय और पूरी तरह से समर्पित होकर बाकी का सारा काम हमें खुद ही करना होगा।

बुद्धिमान छात्र अपनी पढ़ाई–लिखाई की मदद से इस बात को समझने का प्रयास करते हैं कि जीवन में सफलता कैसे हासिल की जा सकती है? थोड़ी–सी कोशिश करते ही उन्हें यह समझ आ जाता है कि यदि हम एक बार सफल होने का मन बना लेते हैं, तो हमें कोई भी ताकत सफल होने से

नहीं रोक सकती। इतना सब कुछ जानने के बाद हमारे मन से यह शंका तो खत्म हो जानी चाहिए कि जो कोई सच्चे मन से किसी भी परीक्षा की तैयारी करने के लिये पहल करता है, वह एक–न–एक दिन सफल होने का रास्ता भी बना ही लेता है। वैसे भी बुद्धिजीवी लोग कहते हैं कि मन के हारे ही हार और मन के जीते ही हमारी जीत हो पाती है। बात चाहे पढ़ाई की हो या परीक्षा में अपने ही तय किये हुए लक्ष्य को हासिल करने की, हमें टॉपर बनने की सफलता सिर्फ और सिर्फ हमारी सच्ची लगन ही दिला सकती है।

हमारे पास ज्ञान ही एकमात्र ऐसी शक्ति है जिससे हम सभी प्रकार की शंकाओं के साथ हर 'लेकिन, किन्तु, परंतु, क्यों और कैसे' का जवाब पा सकते हैं। टॉपर बनने के लिये सबसे जरूरी बात यही होती है कि हम हर समय कुछ–न–कुछ ऐसा नया सोचें जिससे हम अपनी दुविधाओं को मिटाकर अपने ज्ञान में वृद्धि करते रहें। सिर्फ कोर्स की चंद किताबें पढ़कर कोई भी विद्यार्थी आज तक टॉपर नहीं बन सका है। अपनी सोच को सकारात्मक रखते हुए हमें खुद पर इतना यकीन होना चाहिए कि हम दूसरों से बेहतर कर सकते हैं। हम अपने बारे में जो कुछ सोचते हैं, जो कुछ बनना चाहते हैं, यदि हम दिल से चाहें तो वह हम बन भी सकते हैं।

बुद्धिजीवियों ने बहुत विचार–विमर्श के बाद यह निष्कर्ष निकाला है कि केवल लगातार मेहनत ही किसी भी छात्र को टॉपर बना सकती है। इसके साथ यह जानने की कोशिश भी करते हैं कि टॉपर बनने के और क्या–क्या राज होते हैं?

- टॉपर बनने के लिये कड़ी मेहनत तो करनी ही पड़ती है।
- उज्ज्वल भविष्य का मंत्र है– सही काम करें, सही तरीके से करें, सही समय पर करें।
- अपने भविष्य को उज्ज्वल बनाने के लिये कभी भी अपने आप से झूठ नहीं बोलना चाहिए।
- सफलता का सीधा संबंध परिश्रम से है, जो छात्र परिश्रम से डरते हैं, वे कभी सफलता नहीं पा सकते।
- परीक्षा भी उन्हीं छात्रों को इनाम देती है, जो स्वयं पर यकीन रखते हुए अपना कार्य पूरी लगन से करते हैं।

2. लक्ष्य और लगन

जैसे ही परीक्षाओं की घोषणा हुई तो बहुत से छात्र अपने अध्यापक के पास अधिक–से–अधिक अंक पाने के लिये टिप्स लेने के लिये पहुंच गये। अध्यापक महोदय सोचने लगे कि आज़ के विद्यार्थी बिना लगन और मेहनत किये ही सब कुछ पाना चाहते हैं। हर कोई जानता है कि बिना लक्ष्य तय किये और सच्ची लगन के टॉपर बनना तो दूर, परीक्षा में पास होना भी मुश्किल हो सकता है। क्यों न ऐसे में सभी छात्रों को लक्ष्य और लगन के बारे में समझा दिया जाए ताकि वे आसानी से अपने लक्ष्य को जीत सके।

इसी बात को मद्देनज़र रखते हुए उन्होंने अपने सामने बैठे छात्र अमन से पूछा कि तुमने अपने जीवन का क्या लक्ष्य तय किया है? अमन ने सर से कहा कि मैं आपके सवाल को ठीक से समझ नहीं पाया। अध्यापक ने फिर से अपना सवाल दोहराते हुए कहा कि तुम बड़े होकर क्या करोगे? अमन ने झट से कह दिया कि शादी। शिक्षक ने थोड़ा हंसते हुए कहा कि मेरा मतलब था कि तुम क्या बनना चाहते हो? अब अमन ने पूरे आत्मविश्वास से कहा कि सर मैं दूल्हा बनूंगा। शिक्षक ने थोड़ा चिढ़ते हुए कहा कि तुम हासिल क्या करना चाहते हो? इस बात का जवाब देते हुए अमन ने कहा कि दुल्हन।

शिक्षक महोदय को लगा कि वह शायद अपनी बात ठीक से नहीं कह पा रहे। उन्होंने प्यार से अमन को समझाते हुए कहा कि तुम जब बड़े हो जाओगे तो अपने मम्मी–पापा के लिये क्या लाओगे? अमन के दिमाग की सुई तो सिर्फ शादी पर ही अटकी हुई थी। नतीजतन उसने फिर से कह दिया कि सर मैं उनके लिये बहू लेकर आऊंगा। शिक्षक ने कुढ़ते हुए कहा– "बेवकूफ तुम्हारे घर वाले तुमसे क्या चाहते है?" अमन ने कहा–"जी उनकी तो एक ही ख्वाहिश है कि घर में जल्दी से एक बहू आ जाए।"

अध्यापक महोदय को समझ आ गया कि इस छात्र के साथ कुछ भी और बात करने का मतलब है अपने लिये परेशानी मोल लेना। साथ ही उन्होंने मन–ही–मन कहा कि काश! इसे इतनी ही लगन पढ़ाई की तरफ लग जाये तो यह सारे राज्य में टॉप कर सकता है। अभी और अधिक बहस करने की बजाय उन्होंने इससे पीछा छुड़ाते हुए क्लास के दूसरे छात्रों से पूछा कि क्या कोई बता सकता है कि आप सभी ने अपनी परीक्षा के लिये क्या लक्ष्य निर्धारित किया है?

अचानक इस प्रकार का सवाल सुनकर अधिकतर छात्र एक दूसरे की शक्ल देखने लगे। किसी भी छात्र ने अपने अध्यापक से इस सवाल की उम्मीद नहीं की थी। बच्चों के हाव–भाव को देखकर अध्यापक महोदय को अंदाजा हो गया कि अधिकांशः विद्यार्थियों के अंदर परीक्षा को लेकर अभी तक न तो मन में लगन का दीपक जला है और न ही ये लोग अपना कोई लक्ष्य तय कर पाये हैं।

क्लास की शांति को भंग करते हुए अध्यापक ने छात्रों से पूछा कि क्या आप यह जानते हो कि लक्ष्य होता क्या है और उसे किस लगन से हासिल किया जा सकता है? एक छात्र ने बड़ी ही गंभीरता से जवाब देते हुए कहा कि लक्ष्य वह काम होता है जिसे हम पूरा करने की इच्छा रखते हैं। जैसा कि मैंने अपने लिये इस बार परीक्षा में 90 प्रतिशत अंक हासिल करने का लक्ष्य बनाया है। अध्यापक महोदय छात्र के इस जवाब से काफी खुश हुए।

उन्होंने फिर भी बाकी छात्रों को लक्ष्य के मायने और अच्छे से स्पष्ट करते हुए कहा कि हम सभी काम तो करते हैं, परंतु हममें से सफलता सिर्फ उन्हीं लोगों को मिलती है जो अपने लिये पहले से ही लक्ष्य निर्धारित कर लेते हैं और उसे पाने के लिये दिन–रात एक कर देते हैं। हमारे जीवन में लक्ष्य चाहे छोटा हो या बड़ा, उसे कभी भी अनदेखा नहीं करना चाहिए। जो कोई आंख मूंदकर हवा में तीर चलाने की भूल करते हैं, उनका निशाना कभी भी ठीक से नहीं लगता।

लक्ष्य के महत्त्व को इस बात से भी समझा जा सकता है कि यदि जीवन में लक्ष्य न तय हुए होते तो शायद दुनिया के आधे काम आज़ भी पूरे न हो पाते। जो लोग अपने जीवन में ठीक से लक्ष्य तय नहीं करते, वे अपने अच्छे ज्ञान, योग्यता और ताकत का फायदा नहीं उठा पाते। यदि हमने अपने

जीवन का कोई लक्ष्य न ही बनाया तो हमें सफलता कैसे मिलेगी? दुनिया में अपनी अलग पहचान बना चुके लोगों के बारे में जब भी जानने की कोशिश करें तो उन लोगों के जीवन से यही सीख मिलती है कि एक लक्ष्य पूरा होते ही अपने लिये एक और नया लक्ष्य बना लेते थे। हमें भी अगर आसमान की ऊंचाइयों को छूना है, तो एक लक्ष्य के पूरा होने से पहले ही हमें उससे आगे बढ़ने के लिये सोचना होगा।

आप में से कुछ छात्रों के मन में यह प्रश्न जरूर उठ रहा होगा कि किसी भी एक लक्ष्य को पाने में ही हमारा इतना समय और ऊर्जा लग जाती है। साथ ही उस लक्ष्य को हासिल करने में ही हमें अनेक अड़चनों का सामना करना पड़ता है, तो फिर एक के बाद एक नये लक्ष्य के पीछे लगातार कैसे भागा जा सकता है? इसका सीधा–सा जवाब यही है कि जीवन में यदि कुछ बड़ा बनना है तो हमें अपनी सोच भी बड़ी रखनी होगी।

लक्ष्य के बारे में और अधिक विस्तार से बात करने से पहले हमें विद्वानों की इस बात पर जरूर गौर करना होगा कि कभी भी अपनी पहुंच से बड़ा लक्ष्य नहीं बनाना चाहिये। यदि हम अपनी पहुंच और स्रोतों से बढ़कर कोई लक्ष्य बनाते हैं, तो हो सकता है कि हम उस लक्ष्य को पाने से पहले ही भटक जाएं। इतना तो हम सभी जानते हैं कि गुमराह होकर आज तक कोई भी अपनी मंजिल नहीं पा सका, लेकिन हमारा लक्ष्य बहुत छोटा भी नहीं होना चाहिए, क्योंकि इससे हम किसी दूसरे का नहीं, बल्कि अपना ही नुकसान कर बैठते हैं।

कुछ छात्रों के मन में यह सोच उठ रही होगी कि आखिर ऐसे में लक्ष्य का पैमाना क्या होना चाहिए, जो यह तय करे कि हमारा लक्ष्य कितना बड़ा या छोटा होना चाहिए। ऐसे छात्रों को सिर्फ इतना याद रखना होगा कि 'अगर हो निगाह मंजिल पर और कदम हो सही राह पर, तो ऐसी कोई राह नहीं जो मंजिल तक न जाती हो।' हमें सदैव अपने लक्ष्य को पाने के लिए अग्रसर रहना चाहिए, परंतु कभी भी डींगें नहीं हांकनी चाहिए। अवसरों की राह देखने वाले छात्र साधारण होते हैं, जबकि असाधारण विद्यार्थी अवसरों के जन्मदाता होते हैं।

यदि हम किसी दस मंजिला इमारत में चढ़ने से पहले ही यह तय कर लेते हैं कि हमें सिर्फ चौथी मंजिल तक ही जाना है, तो फिर हम न तो इससे

आगे जाने की सोचेंगे और न ही साहस जुटा पाएंगे। कोई भी लक्ष्य हमारी सोच से बड़ा नहीं होता। हर नई चुनौती हमारे लिये सफलता का कोई–न–कोई नया मार्ग जरूर खोलती है। जब लक्ष्य प्राप्त होता है, तो हमें एक और नया जीवन मिलता है। कदम–कदम पर कठिनाइयां हमारा रास्ता रोकती हैं और जो इनसे बचना जानते हैं, वही सफल खिलाड़ी या यह कहिए कि टॉपर कहलाते हैं।

जहां तक छात्रों के लक्ष्य की बात है, तो उन्हें अपने जीवन का उद्देश्य तय करने से पहले कुछ बातों को ध्यानपूर्वक समझना होगा। जीवन में यदि मनचाहे लक्ष्य हासिल करना चाहते हो तो यह भी याद रखना होगा कि उसके लिये सपने कम और प्रयत्न अधिक करने होंगे। सिर्फ सपने देखने से नहीं, बल्कि सपनों को साकार करने की हिम्मत रखने वाले ही ख्वाब को हकीकत बना सकते हैं। आप चाहें तो शत–प्रतिशत अंक हासिल करने का लक्ष्य अपने लिये रख सकते हैं, लेकिन ऐसे लक्ष्य की प्राप्ति के लिये कर्मशील होने के साथ गतिशील होना भी जरूरी होता है।

हम अपने लिये कोई भी रास्ता चुनें, परंतु उस पर चलने के लिये पूरी हिम्मत और लगन से अपना 100 प्रतिशत समर्पित करना होगा। जो अपने लक्ष्य की राह पर मजबूती से टिके रहते हैं, उन्हें एक न एक दिन मंजिल मिल ही जाती है। किसी भी छात्र का जीवन संघर्ष ही नहीं, लक्ष्य प्राप्ति का एक केंद्र भी होता है। जिसके लिए कड़ी मेहनत जरूरी होती है। हमारे मन में सदा केवल सफलता ही मकसद नहीं होना चाहिए, बल्कि पहला लक्ष्य तो संघर्ष करने का होना चाहिए। कई बार मेहनत करने के बावजूद हम अपना सोचा हुआ लक्ष्य नहीं प्राप्त नहीं कर पाते, लेकिन यहां भी हमें निराश होने की जरूरत नहीं, क्योंकि हमारी ज़िंदगी तो उम्मीद पर ही टिकी होती है। महान लक्ष्य की प्राप्ति के लिए यत्न करते–करते असफल हो जाना भी शान की बात होती है।

छात्रों को अच्छी पढ़ाई करने के लिये अकसर खुश रहने के लिये कहा जाता है, परंतु आजकल के माहौल में अधिकतर छात्र हर समय तनाव में रहते हैं। ऐसे में उनके लिये हमेशा मुस्कराना आसान नहीं होता, लेकिन जो छात्र खुश रहने का स्वभाव बना लेते हैं, वे हर माहौल में खुश रहते हुए दूसरों के मुकाबले बहुत जल्द अपने लक्ष्य को पा लेते हैं। एक साधारण सोच वाले छात्र और टॉपर में यही एक बड़ा फर्क होता है।

कई छात्र दूसरों की नकारात्मक बातें सुनकर अपना काम अधूरा छोड़ देते हैं। इस तरह बार–बार अपने फैसलों को बदलने वाले कभी भी अपने लक्ष्य तक नहीं पहुंच पाते। ऐसे छात्रों को चाहिए कि उदासी, हताशा, शंका, हीनता भरे शब्दों को भूलकर जीत, जोश, खुशी और आत्मविश्वास जैसे शब्दों से दोस्ती रखें।

जब किसी भी लक्ष्य को पाने के लिये हमारी सोच सकारात्मक होती है, तो कुदरत भी हमारा साथ देती है। सकारात्मक सोच के चलते अच्छे लक्ष्य को पाना और भी आसान हो जाता है। इन सभी बातों के बावजूद हमारे जीवन में कई पल ऐसे आ जाते हैं, जब हमें अपने लक्ष्य के बारे में ठीक से ज्ञान नहीं होता। जब कभी इस तरह के क्षण जीवन में आएं, जब हमें लक्ष्य की सही जानकारी न हो तो उस समय अकेले चलने की बजाय किसी–न–किसी हमसफर को साथ ले लेना चाहिए। इससे सफलता की राह में भटकने का भय कम हो जाता है।

उन छात्रों को कभी भी अफसोस नहीं करना चाहिए, जो प्रयास करने के बावजूद अपने लक्ष्य तक नहीं पहुंच पाए, बल्कि अफसोस तो ऐसे विद्यार्थियों को करना चाहिए, जिन्होंने अपने जीवन का कोई लक्ष्य ही नहीं बनाया। सफलता का एक और रहस्य यह है कि टॉपर बनने वाले छात्र जब एक बार अपने लिये कोई लक्ष्य तय कर लेते हैं, तो फिर चाहे कुछ भी हो जाए, वे उसे पूरा किये बिना उससे पीछे नहीं हटते। यह सच है कि कुछ लोग जन्म से ही जीनियस होते हैं, लेकिन इस बात को भी नकारा नहीं जा सकता कि निम्नलिखित युक्तियों को अपनाकर कोई भी छात्र जीनियस बन सकता है।

- योग्य छात्रों के लिये कोई भी लक्ष्य कठिन नहीं होता।
- लगन से कार्य करने वाले कभी भी कांटों की परवाह नहीं करते।
- लगन और बुद्धिमानी के साथ किया हुआ काम कभी व्यर्थ नही जाता।
- जो छात्र टॉपर बनना चाहते हैं, वे पहले तो यह सोचना छोड़ दें कि मैं भाग्यहीन हूं।
- कदम–कदम पर कठिनाइयां छात्रों का रास्ता रोकती हैं और जो इनसे बचना जानते हैं वही टॉपर बन पाते हैं।
- जो छात्र अपनी आंख अर्जुन की भांति सिर्फ अपने लक्ष्य की ओर केंद्रित रखते हैं, उन्हें हर हाल में सफलता मिलती हैं।

3. शिक्षा का महत्त्व

शिक्षा और ज्ञान के बारे में बात शुरू करने से पहले हमें शिक्षा के महत्त्व को समझना होगा, लेकिन क्या किसी कोर्स की चंद पुस्तकें पढ़ लेने से ही शिक्षा के महत्त्व को समझा जा सकता है? क्या किसी खास क्षेत्र में निपुणता हासिल कर लेने से ही शिक्षा का महत्त्व समझ आ जाएगा? एक पंक्ति में अगर शिक्षा के महत्त्व को समझने की कोशिश करें तो इतना ही कहा जा सकता है कि यह हमारे समाज की उस आत्मा की तरह है, जो कि एक पीढ़ी से दूसरी पीढ़ी को दी जाती है।

शिक्षा के महत्त्व का इस बात से भी अंदाजा हो जाता है कि सिर्फ एक यही हमारे जीवन का वह अंग है, जो हमें बचपन से लेकर सारी उम्र अनुशासित और प्रगतिशील बनाए रखती है। इसके माध्यम से ही हम हर विषय के बारे में ज्ञान पा सकते हैं, न सिर्फ हम इससे ज्ञान पाते हैं, बल्कि हर अच्छी और बुरी चीज़ का फर्क भी हम केवल शिक्षा की बदौलत ही जान पाते हैं। शिक्षा ही हमारे पास एकमात्र ऐसा जरिया है, जिससे हम आने वाली पीढ़ियों को प्रशिक्षित करके अच्छा जीवन जीने की कला सिखा सकते हैं।

जहां तक शिक्षा और छात्रों के रिश्ते की बात है, तो हम यह कह सकते हैं कि किसी भी छात्र के जीवन में शिक्षा का अत्यधिक महत्त्व होता है। एक ओर शिक्षा छात्रों के विकास के लिये प्रबल साधन है, तो दूसरी ओर इसे उनके जीवन की सफलता की कुंजी कहा जा सकता है। जो विद्यार्थी यह सोचते हैं कि शिक्षा मात्र रोजी–रोटी कमाने का एक जरिया है तो वे बहुत बड़ी भूल करते हैं।

कुछ छात्रों का यह मानना है कि शिक्षा के महत्त्व के बारे में तो पहले ही इतना कुछ लिखा और कहा जा चुका है कि अब ऐसे में और कुछ इस विषय पर लिखने की गुंजाइश ही कहां है? शिक्षा की अहमियत को समझाना

इसलिये भी जरूरी है, क्योंकि जब तक छात्र किसी भी चीज़ के फायदे और उसकी कीमत को न समझ लें, वे उसे पाने के लिये कभी भी गंभीर प्रयास नहीं करते। वैसे तो आज के इस आधुनिक दौर में शायद ही कोई विद्यार्थी ऐसा होगा, जो शिक्षा के प्रभाव से प्रभावित न हो, लेकिन अभी भी कुछ ऐसे छात्र हैं जिनकी सोच यही है कि आखिर अपनी ज़िंदगी का बेशकीमती समय और ढेर सारा पैसा खर्च करने के बाद यदि हम पढ़ाई करते हुए अधिक अंक पा भी लेते हैं तो क्या होगा? हमें पढ़–लिखकर कौन–सा विचारक या सरकारी आयुक्त बनना है।

ऐसे छात्रों को यह जानने की जरूरत है कि जब भी हम नींद से उठते हैं, तो एक नये दिन के साथ नये जीवन की शुरुआत होती है। कुदरत और समय हर पल बदलते रहते हैं। इसी के प्रभाव से हमारी ज़िंदगी और समाज़ की हर चीज़ में बदलाव आ रहा है। इसलिये किसी विषय पर चाहे पहले कितना कुछ लिखा जा चुका हो, उसमें और बेहतरी की गुंजाइश बनी रहती है। बात चाहे पढ़ाई–लिखाई की हो या सफलता की, शिखर तक पहुंचने के लिये जरूरी है कि हर नये दिन के साथ, नये जीवन के साथ, हमारी सोच भी नई होनी चाहिए। असल में शिक्षा हमारी वह मित्र है, जो हमें हर जगह मान–सम्मान दिलाती है।

युग बदलने के साथ शिक्षा ग्रहण करने की तकनीक भी बदलने लगी है। आज समय की मांग है कि नई पीढ़ी को आधुनिक स्वरूप के मुताबिक शिक्षित किया जाए। हम उम्मीद करते हैं कि इतनी छोटी और सीधी–सी बात तो साधारण–सा छात्र भी समझता होगा कि हर लेखक एक ही बात को अपनी शैली और क्षमता के अनुसार बताता है। जो इस गुर को समझ लेते हैं, वे टॉपर बन सकते हैं।

आज का आधुनिक दौर कम्प्यूटर का है। आज हर कोई अपने छोटे–बड़े कार्यों के लिये कम्प्यूटर पर निर्भर होता जा रहा है, लेकिन क्या कभी किसी ने गौर किया है कि जब कभी अलग–अलग छात्र कम्प्यूटर से कोई एक ही सवाल करते हैं, तो वह सभी को एक जैसा ही जवाब देता है। असल ज़िंदगी में ऐसा नहीं होता। इसका छोटा–सा उदाहरण यह है कि एक ही क्लास के जब कई छात्र अपने अध्यापक से एक ही सवाल करते हैं, तो वह उन सभी को उनकी समझ, काबिलीयत के अनुसार उसका जवाब देता है जिससे सभी बच्चों को ठीक से हर चीज़ का मतलब समझ आ सके।

ऐसी सोच वालों को विद्वान लोग ज्ञान का महत्त्व समझाते हुए कहते हैं कि ज्ञान की छोटी–सी किरण जहां हमें सारी दुनिया के गुणों से अवगत कराती है, वहीं यह हमारे हर दुःख, परेशानी को सुख में तबदील करने की शक्ति रखती है, जैसे– किसी अंधे के लिए जगत अंधकारमय है और आंखों वाले के लिए प्रकाशमय है, वैसे ही एक अज्ञानी के लिए यह जगत दुखदायी और ज्ञानी के लिए आनंदमय होता है। किसी इंसान का जीवन कितना भी अंधकारमय क्यों न हो, उसे केवल शिक्षा और ज्ञान के माध्यम से ही उज़ाले में बदला जा सकता है।

शिक्षा के गुणों के बारे में और अधिक विस्तार से आगे बताते हुए यह कहा जा सकता है कि जिस प्रकार रात्रि का अंधकार केवल सूर्य ही दूर कर सकता है, उसी प्रकार छात्रों के जीवन की हर अड़चन को केवल ज्ञान द्वारा ही दूर किया जा सकता है। जैसे– कई बार हमें अंधेरे में कोई भी चीज दिखाई नहीं देती, उसी तरह ज्ञान के अभाव में हमें जीवन की परेशानियों का हल नहीं सूझता। ऐसे में कोई भी विद्यार्थी अपने जीवन में तरक्की करने के बारे में सोच भी नहीं सकता, लेकिन जब मन में ज्ञान का दीपक जलने लगता है तो हर कठिनाई का हल बड़ी आसानी से मिल जाता है।

पढ़े–लिखे लोगों की बात को यदि छोड़ भी दें तो एक साधारण–सा दुकानदार अथवा कारखाने में काम करने वाला मजदूर भी यह जानता है कि शिक्षा के बिना न तो हमारा विकास होगा और न ही हमें कोई अच्छा रोजगार मिल सकता है। आज गांव में रहने वाले साधारण लोग भी जान गये हैं कि ज्ञान के बिना संसार पागलों की एक टोली की तरह है। अब भी यदि शिक्षा की अहमियत पर गौर नहीं किया तो दूसरे पढ़े–लिखे लोगों के मुकाबले हम बहुत पिछड़ जाएंगे।

कुछ लोग यह सोचते हैं कि बचपन में जब पढ़ने का समय था। उस समय तो किसी कारणवश पढ़ाई नहीं कर पाए, अब इस उम्र में क्या पढ़ पाएंगे? ऐसे लोगों को ज्ञानी लोग यही सलाह देते हैं कि यदि एक अवसर हमारे हाथ से निकल गया तो भी हमें अपनी दृष्टि के आगे आंसुओं रूपी बादलों को नहीं आने देना चाहिए, बल्कि हमें अपनी दृष्टि साफ़ रखनी चाहिए जिससे अगला अवसर भी हमारे हाथ से निकल न जाए।

ज्ञान ही एक ऐसी चीज है, जिसे जन्म से लेकर मृत्यु तक कभी भी, कहीं भी प्राप्त किया जा सकता है। ज्ञान पा लेने से सिर्फ हमें ही नहीं, हमारे परिवार, रिश्तेदारों और दोस्तों को भी फायदा मिलता है। यह सच है कि बीते हुए समय को कोई नहीं बदल सकता, परंतु आप चाहें तो एक कामयाब, सफल जीवन के लिये ज्ञान की डगर पर पहला कदम बढ़ाते हुए आज एक नई शुरुआत कर सकते हैं।

कोई छात्र चाहे कितना भी गरीब क्यों न हो, शिक्षा ग्रहण करने से वह अपने अधिकारों के बारे में जान सकता है। उसे सिर्फ अपने अधिकार के बारे में जानकारी नहीं मिलती, बल्कि उसे पाने की हिम्मत भी उसमें आ जाती है। शिक्षा के बारे में युवाओं की गंभीरता का अंदाजा इस बात से भी लगाया जा सकता है कि चाहे कोई परिवार बहुत अमीर है या गरीब, आज उसकी प्राथमिकता अपने बच्चों को उच्च शिक्षा दिलवाने की होती है।

हम अपने जीवन के किसी भी प्रकार के दोष को ज्ञान के माध्यम से खत्म कर सकते हैं। सीमांत उपयोगिता का यह नियम है कि एक भूखा आदमी जब पहली रोटी खाता है तो उसे सर्वाधिक संतुष्टि होती है। दूसरी रोटी खाने पर उसकी संतुष्टि थोड़ी घट जाती है। एक सीमा के बाद रोटी की उपयोगिता नकारात्मक हो जाती है, लेकिन एक टॉपर सिर्फ इस बात को समझता है कि ज्ञान के बारे में यह नियम बिलकुल इसके उलट होता है। जो लोग सच में कुछ नया सीखना चाहते हैं, वे जैसे–जैसे ज्ञान प्राप्त करते जाते हैं, उनकी भूख बढ़ती ही जाती है।

इस दुनिया में बहुत सारे छात्र ज्ञान भरी बातें जानते हैं, बोलते हैं और लिखते भी हैं, लेकिन टॉपर वही छात्र बन सकता है जो शिक्षा के मायनों को समझकर उन्हें असल ज़िंदगी में अमल में लाना शुरू कर देता है। ज्ञान ही छात्रों को सत्य का दर्शन करा सकता है, जिससे उनका नेतृत्व महान बनता है।

शिक्षा के महत्त्व के संबंध में स्वामी विवेकानंद कहते हैं कि शिक्षा ही एक मात्र ऐसा साधन है जिससे कोई भी छात्र अपने जीवन का निर्माण कर सकता हैं। नैतिक तथा बौद्धिक दोनों ही प्रकार की शिक्षा से छात्र आत्मनिर्भर बन सकते हैं। आज जिस प्रकार का वातावरण बनता जा रहा है, उसमें नई पीढ़ी के चरित्र निर्माण, उनकी मानसिक शक्ति और बुद्धि का विकास केवल शिक्षा द्वारा ही किया जा सकता है।

हम अपने समाज को प्रगति और विकास की राह पर केवल शिक्षा की बदौलत ही बढ़ा सकते हैं। शिक्षा हमें जहां एक ओर सही और गलत के बीच का फर्क बताती है, वहीं हम इसके माध्यम से देश–विदेश में हो रही पल–पल घटनाओं की जानकारी भी प्राप्त कर सकते हैं। एक शिक्षित व्यक्ति ज्ञान की बदौलत ही अपने पैरों पर खड़े होकर एक नये समाज़ का निर्माण करने की समर्थता जुटा सकता है।

जीवन में शिक्षा का कितना महत्त्वपूर्ण स्थान है, इसका अंदाजा इसी बात से लगाया जा सकता है कि जो काम घड़ों जल से नहीं होता, उसे दवा के दो घूंट कर देते हैं और जो काम तलवार से नहीं होता, वह एक छोटी–सी सुई कर देती है। बिलकुल ठीक! उसी तरह सौ अनपढ़ लोग मिलकर भी वह कार्य पूरा नहीं कर सकते जो एक ज्ञानवान व्यक्ति पलक झपकते ही कर लेता है। जो छात्र ज्ञान के महत्त्व को जान लेते हैं, वे यह बात आसानी से समझ लेते हैं कि दुनिया में जीते तो सभी हैं, लेकिन यदि हमें मुकद्दर का सिकंदर यानी टॉपर बनना है तो दुनिया में दूसरे छात्रों से हटकर कुछ तो अपनी प्रतिभा का परिचय देना ही होगा। आओ, अब जरा यह देखें कि टॉपर बनने वाले प्रतियोगी ज्ञान के बारे में क्या विचार रखते हैं।

- शिक्षा और ज्ञान के फल सदैव बहुत ही मीठे होते हैं।
- ज़िंदगी चाहे कुछ भी कहें, लेकिन सही ज्ञान ही हमें सफलता की राह दिखाता है।
- शिक्षा वह सबसे शक्तिशाली शस्त्र है, जिससे आप सारी दुनिया को बदल सकते हैं।
- अच्छा ज्ञान जहां हमें एक काबिल इंसान बनाता है, वहीं उसे पाकर हम टॉपर बन सकते हैं।
- यदि हर कोई किताबों से लिये हुए ज्ञान को अपना ले तो फिर कोई भी असफल नहीं होगा।
- ज्ञान की बातें सुनकर जो उन पर अमल करता है वही ज़िंदगी में सफलता हासिल कर पाता है।

4. टॉपर बनने के लिये कैसे करें तैयारी

जैसा कि शुरू के अध्याय में बताया गया है कि टॉपर बनने के लिये सबसे पहले तो हमारी पढ़ाई–लिखाई का एक लक्ष्य तय करना जरूरी होता है। हमारा यही लक्ष्य हमारे लिये टॉपर बनने का प्रेरणास्रोत बनता है। टॉपर बनने के लिये तैयारी के बारे में जब भी किसी छात्र से बात की जाये तो हर किसी का एक ही जवाब होता है कि टॉपर तो मैं भी बनना चाहता हूं, लेकिन अधिकतर छात्र जानकारी के अभाव में यह नहीं समझ पाते कि टॉपर बनने के लिये तैयारी कैसे की जाए?

वैसे तो परीक्षा की तिथि घोषित होते ही छात्रों की दिनचर्या में बदलाव आने लगता है। सुबह देर से उठने वाले छात्रों को भी परीक्षा की चिंता काफी जल्दी उठा देती है। परीक्षा में सफलता पाने के लिये लक्ष्य के साथ लगन का भी बहुत बड़ा योगदान होता है। हर छात्र को यह मालूम होना चाहिए कि वह जिस परीक्षा की तैयारी कर रहा है, उसके लिये कितनी मेहनत की जरूरत है। क्या वह उस तैयारी के लिये अपना 100 प्रतिशत समय दे पाएगा? क्या वह तय समय में हर विषय को अच्छी तरह समझते हुए परीक्षा देने के लिये खुद को तैयार कर पायेगा?

यदि हम टॉपर बनने का लक्ष्य ठीक से तय नहीं करते तो अपनी तैयारी शुरू करने से पहले ही हम भटक सकते हैं। जब हमारा उद्देश्य स्पष्ट होता है, तो हम पूरे मन से पढ़ाई करते हुए टॉपर बनने की तैयारी शुरू कर सकते हैं।

कुछ छात्र परीक्षा की तैयारी के मायने कुछ और ही समझने लगते हैं। एक ऐसे ही छात्र का किस्सा आपको बताता हूं। एक पिता ने अपने बेटे से पूछा कि अब तो परीक्षा बिलकुल नज़दीक आ गई है, तुम्हारी तैयारी कैसी चल रही है? बेटे ने जवाब दिया कि मैं आज ही नया पेन, पेंसिल, रबर, स्केल, कैलकुलेटर आदि सारा सामान बाजार से खरीदकर लाया हूं। बस, कल से

पढ़ाई शुरू करनी बाकी है। पिता ने कहा कि ये बेकार की बातें छोड़ो। मेरा मतलब तुम्हारी पढ़ाई की तैयारी से है। परीक्षा के लिए क्या–क्या याद कर लिया है? बेटे ने जवाब दिया कि आप भी कमाल करते हो, अभी तो मुझे अपना रोल नंबर भी ठीक से याद नहीं हुआ और आप कोर्स और पुस्तकों के संबंध में एक साथ मुझसे इतना कुछ पूछ रहे हो।

इसी छात्र ने अपने पिता से पूछ लिया कि पापा एक बात बिलकुल सच्चाई से बताना कि जब आप पढ़ाई करते थे तो आपको स्कूल जाना कैसा लगता था? पिता ने जवाब दिया कि अब तुमने सच बोलने के लिये कहा है, तो मैं भी सच्चे मन से तुझे बताता हूं कि मुझे स्कूल जाना तो बहुत अच्छा लगता था, लेकिन वहां बैठकर पढ़ाई करना बिलकुल भी अच्छा नहीं लगता था। परीक्षा तो हमेशा ही अच्छी होती थी, लेकिन न जाने हमारे टीचर अंक अच्छे क्यों नहीं देते थे। बेटे ने कहा तो इसका मतलब यह हुआ कि आप भी अपना कोर्स ठीक से याद नहीं कर पाते थे। पिता ने जवाब दिया–"बेटा, यदि मैंने भी सभी विषयों को अच्छी तरह याद कर लिया होता तो आज मेरा नाम साधारण छात्रों की नहीं, बल्कि टॉपर्स की सूची में लिखा होता।"

परीक्षा से कई महीने पहले ही हर घर में इसी तरह का माहौल बनने लगता है। छात्रों को सुबह–शाम ऐसे ही संवाद सुनने को मिलते हैं कि परीक्षा सिर पर आ गयी है। अब तो पढ़ाई शुरू कर दो। खासतौर से किसी छात्र का बोर्ड का इम्तिहान है और अचानक उसके किसी दोस्त का फोन आ गया या टी.वी. की तरफ कुछ देर के लिये ध्यान चला गया तो सारे घर में पढ़ाई को लेकर तूफान खड़ा हो जाता है। हर कोई अपने–अपने हिसाब से भाषण देना शुरू कर देता है, लेकिन कोई भी सदस्य यह बताने का कष्ट नहीं करता कि परीक्षा की तैयारी कैसे की जाए?

पढ़ना अच्छी बात है, लेकिन उससे पहले यह जानना जरूरी है कि पढ़ाई कैसे करें? जिस प्रकार दूसरे सभी कार्यों को करने के कुछ–न–कुछ कायदे–कानून होते हैं। ठीक उसी प्रकार अच्छे ढंग से पढ़ाई के भी कुछ नियम बने हुए हैं। इन नियमों को समझने से पहले हमें यह तय करना होगा कि यदि हम सच में अपनी मंजिल को पाना चाहते हैं, तो सबसे पहले हमें खुद से यह वादा करना होगा कि मैं कल से नहीं, बल्कि आज से ही पूरी लगन और मेहनत से पढ़ाई करूंगा।

आज़ हर विद्यार्थी जल्द–से–जल्द सफ़लता के शिखर पर पहुंचना चाहता है, लेकिन यहां प्रश्न यह उठता है कि हम सफलता पाने के लिये कितने गंभीर हैं और उसके लिये कितने प्रयास करते हैं। बेहतर सोच के साथ नेक नीयत से यदि कर्म किये जाएं तो मंजिल पाना आसान हो जाता है। हमें यह अटूट विश्वास है कि जो व्यक्ति मन में सफलता के शिखर पर पहुंचने की ठान लेता है, वह एक–न–एक दिन कामयाबी हासिल कर ही लेता है।

हर क्लास की पढ़ाई के साथ छात्रों के ऊपर पढ़ाई का दबाव बढ़ता जा रहा है, इसलिये जिस प्रकार एक इमारत को मजबूत बनाने के लिये सबसे पहले उसकी नींव को मजबूत किया जाता है, ठीक उसी तरह हर छात्र को अपनी नींव मजबूत बनानी होगी ताकि आने वाले समय में वह प्रतिस्पर्धा के दौर में न सिर्फ अच्छा ज्ञान पा सकें, बल्कि दूसरे विद्यार्थियों से आगे बढ़कर अपना एक अलग स्थान बना सकें। इसमें कभी जल्दबाजी नहीं करनी चाहिए क्योंकि जल्दबाजी में छात्र कई बार ऐसी गलतियां कर बैठते हैं, जिसकी बाद में भारी कीमत चुकानी पड़ती है। क्लास में पढ़ते समय अकसर कई छात्र सबसे बड़ी गलती यह करते हैं कि टीचर की बातों को आधा–अधूरा सुनते हैं, उसका चौथाई हिस्सा समझते हैं, लेकिन जब कोई दूसरा छात्र उनसे उस अध्याय के बारे में कुछ पूछता है, तो उसे दोगुना करके इस तरह समझाने लगते हैं कि जैसे इस विषय में इनसे अधिक और कोई नहीं जानता।

परीक्षा का नाम सुनते ही बहुत सारे विद्यार्थियों के हाथ–पैर कांपने लगते हैं, नींद गायब हो जाती है और भूख खत्म होने लगती है। ऐसे छात्रों को चाहिए कि तैयारी शुरू करने से पहले सकारात्मक रुख और लक्ष्य को पाने के लिये आत्मविश्वास बनाए रखें। हर विषय को पढ़ने और उसमें सुधार करने की रणनीति इस प्रकार बनाएं कि जिस विषय में अधिकतम अंक पाए जा सकते हैं, उनका विशेष अभ्यास किया जा सके। इसके साथ ही समय प्रबंधन इस प्रकार किया जाए कि हर विषय की तैयारी के लिये पर्याप्त समय निकाला जा सके।

इसके बाद अगली महत्त्वपूर्ण बात है पढ़ाई के लिए बनाई जाने वाली योज़ना और टाइम टेबल की। इतना तो हम सभी जानते हैं कि कोई भी कार्य बिना योजना बनाए सफल नहीं हो सकता। इसलिये टॉपर बनने वालों में योजनाबद्ध तरीके से तैयारी करने वालों की गिनती हमेशा अधिक ही रहती

है। यह योजना सिर्फ हमारे टाइम–टेबल तक ही सीमित नहीं होती, बल्कि हमें अपने कोर्स को कम समय में पूरा करने में भी मदद मिलती है। साथ ही कुछ समय उसे दोहराने के लिये भी बचाया जा सकता है।

कौन–कौन सी पुस्तकें और उनमें कौन–से खास अध्याय अच्छी तरह तैयार करने हैं? यह सारा काम कितने समय में करना है? क्या हम यह सब कुछ कर पाएंगे? यदि नहीं तो हमें किस प्रकार की मदद की जरूरत पड़ सकती है आदि। परीक्षा में सफलता पाने के लिये लक्ष्य के साथ लगन का भी बहुत बड़ा योगदान होता है। हर छात्र को यह मालूम होना चाहिए कि वह जिस परीक्षा की तैयारी कर रहा है, उसके लिये उसे कितनी मेहनत की जरूरत है। क्या वह बाकी के सभी काम छोड़कर उस तैयारी के लिये पूर्ण रूप से खुद को समर्पित कर पाएगा?

जब कभी किसी परीक्षा की तैयारी का जिक्र आता है, तो एक बात खुलकर सामने आती है कि सभी लोग एक जैसी पुस्तकें पढ़ते हैं। एक ही अध्यापक उन सभी विद्यार्थियों को पढ़ाता है। सभी छात्र अपनी तरफ से मेहनत करते हैं, लेकिन केवल चंद छात्र ही अच्छे अंक क्यों प्राप्त कर पाते हैं?

वास्तव में सिर्फ अच्छी पढ़ाई से ही अच्छे अंक हासिल नहीं किये जा सकते। यदि ध्यान दिया जाए तो इसका सीधा–सा जवाब यही समझ आता है कि अधिक–से–अधिक अंक हासिल करने के लिये किसी भी सवाल का जवाब देने से अधिक महत्त्वपूर्ण यह होता है कि हम उसका जवाब किस तरह से लिखते हैं। जैसे ही हम इस बात को बारीकी से समझने की कोशिश करेंगे तो यही नतीज़ा सामने आयेगा कि कहीं–न–कहीं परीक्षा के दौरान हमारे जवाब लिखने में कुछ कमी है। हम अपनी बात को जिस लहज़े में कहना चाहते हैं, उसे उस ढंग से नहीं कह पा रहे। अब यदि हम प्रश्न का उत्तर ठीक से जानते हुए भी उसका जवाब सीधे–सीधे से लिख दें तो परीक्षक हमें अच्छे अंक कैसे दे पाएगा।

कुछ छात्र सवाल का जवाब लिखने से पहले इधर–उधर की बातें लिख कर भूमिका तैयार करने में लग जाते हैं, इस तरह के जवाब से हमारा समय तो बर्बाद होता ही है, परीक्षक भी परेशान हो जाते हैं। उनके पास इतना समय ही नहीं होता कि वे सारी पृष्ठभूमि समझने के बाद उसमें से हमारे जवाब को ढूंढें और फिर हमें अच्छे अंक दें। दूसरी ओर कुशल और बुद्धिमान

छात्र हर सवाल का सटीक जवाब देते हैं। इस तरह से परीक्षक को आसानी से छात्र की काबिलीयत का अंदाजा हो जाता है कि उसे अपने विषय के बारे में कितनी जानकारी है।

बहुत सारे छात्रों में ये सभी गुण होते हैं, लेकिन वे फिर भी अच्छे अंक नहीं प्राप्त कर पाते। ऐसे लोगों के परीक्षा पत्र को जब गौर से देखा जाए तो एक बड़ी कमी देखने को मिलती है। ये लोग अपने सवालों का जवाब जल्दी–जल्दी लिखने में अपनी लिखावट इतनी खराब कर लेते हैं कि परीक्षक को कुछ समझ ही नहीं आता कि आखिर वह कहना क्या चाहता है? ऐसे में हर छात्र को यही कोशिश करनी चाहिए कि परीक्षा की तैयारी करते समय अपने सवालों को बार–बार लिखने का भी प्रयास करते रहें। इसका एक फायदा यह भी होता है कि हमें हर सवाल का जवाब एक निश्चित समय में लिखने का अभ्यास हो जाता है।

हमने चाहे कोई अध्याय कितनी भी बार पढ़ा हो, लेकिन जब तक उसका लिखकर अभ्यास नहीं करते, वह हमें पूरी तरह से याद नहीं रह पाता। अच्छे अंक पाने के लिये विद्यार्थियों को चाहिए कि पिछले वर्षों के प्रश्नपत्रों और मॉडल प्रश्नपत्रों का अधिक–से–अधिक अभ्यास करें। साधारण छात्रों के मुकाबले अधिक अंक पाने वाले छात्र पिछले वर्षों के प्रश्नपत्रों के आधार पर तैयारी करने को प्राथमिकता देते हैं। इस विधि को अपनाने से विद्यार्थी हर प्रश्न का तेजी से और सही हल लिखने में कामयाब रहते हैं।

अच्छी पढ़ाई के साथ अच्छे अंक पाने के लिये हमें अपनी समझदारी और कला को भी सुधारना महत्त्वपूर्ण होता है। जहां तक गणित, विज्ञान या इसी तरह के अन्य विषयों की बात है, तो एक ही सवाल को बार–बार हल करने की बजाय उसी तरह के मिलते–जुलते अलग–अलग दस सवालों को हल करने की आदत बनानी चाहिए। इससे हमारे अभ्यास में कई गुणा अधिक वृद्धि हो पाएगी।

बहुत सारे छात्र बाकी सभी विषयों की तैयारी तो किसी–न–किसी तरह से कर ही लेते हैं, लेकिन अंग्रेजी का नाम आते ही उन्हें घबराहट शुरू हो जाती है। ऐसे छात्रों के लिये यही सुझाव है कि अंग्रेजी के पेपर की तैयारी भी बाकी विषयों की तरह ही करें। अंग्रेजी की तैयारी अच्छे व्याकरण के बिना नहीं की जा सकती। अंग्रेजी व्याकरण को सुधारने के लिये हमें अलग–अलग

स्तरों के हिसाब से पुस्तकें पढ़नी होंगी। अंग्रेजी को और अधिक बेहतर समझने के लिये अंग्रेजी के समाचार पत्र बहुत मददगार होते हैं। इन्हें लगातार पढ़ने से हमें हर दिन बहुत सारी नई जानकारियां मिलती रहती हैं।

किसी भी विषय को याद करने के लिये उसे कम–से–कम तीन बार अलग–अलग समय पर पढ़ना जरूरी होता है। अंतिम परीक्षा की तैयारी अच्छी तरह से तभी की जा सकती है, जब हम पाठ्यक्रम के प्रति पूर्ण रूप से जागरूक रहें। साथ ही इस बात की आवश्यकता होती है कि हर वर्ष परीक्षा के बदलते तरीकों के बारे में हर प्रकार की उपयुक्त जानकारी अपने पास रखें।

लेकिन टॉपर बनने के लिये सिर्फ 2–3 बार पढ़ाई करने से नहीं, बल्कि अपने हाथों से ही नोट्स तैयार करके उन्हें दोहराने की भी आवश्यकता होती है। हर विषय की जानकारी को 100 प्रतिशत याद रखना जरूरी होता है, क्योंकि कोई भी छात्र यह अंदाजा नहीं लगा सकता कि पिछले साल जिस अध्याय से प्रश्न–पत्र बना था, इस साल भी उसी नमूने के ही सवाल पूछे जाएंगे।

जिस तरह किसी भी चीज़ को पाने के लिये सबसे पहले उसका सपना देखा जाता है। फिर उसके लिये प्रयास शुरू किये जाते हैं, यहां भी हमें ऐसा ही करना होगा। टॉपर बनने का मतलब है कि हमें पहले तो शत–प्रतिशत अंक हासिल करने का लक्ष्य तय करना होगा। फिर उसी हिसाब से उसकी तैयारी शुरू करनी होगी। अपने सारे कोर्स को अच्छे से आंकना पड़ेगा कि किस विषय की तैयारी में अंदाजन कितना समय लगेगा। उसके बाद इस काम को कागज़ों पर लिखने के बाद आगे असल ज़िंदगी में अमल में लाना होगा। जरूरत है तो अपने कोर्स के हर विषय के एक–एक अध्याय की छोटी–से–छोटी चीजों के नोट्स बनाकर उन्हें अपने दिमाग की हार्ड–डिस्क में संग्रह करके रखने की।

टॉपर बनना आसमान छूने से कम नहीं होता, इसलिये सबसे पहले हमें अपनी सोच को सकारात्मक बनाना होगा। इसके साथ जो कुछ हम भविष्य में बनना चाहते हैं, उसकी दशा और दिशा तय करके उस राह पर चलने के लिये सही मार्गदर्शक को तलाशना पड़ेगा। पढ़ाई तो सभी छात्र करते हैं, लेकिन टॉपर बनने में सफल वही होता है जिसका अंदाज सबसे अलग होता

है। परीक्षा में अकसर वे छात्र ही टॉपर बन जाते हैं, जिन्हें उनके सहयोगी कुछ भी करने के लायक नहीं समझते। वे अपने अध्यापक की छोटी–से–छोटी बात को भी गंभीरता से लेते हैं। इसी अभ्यास के चलते छात्र किसी भी परीक्षा में मनचाहे अंक पाने में कामयाब हो जाते हैं।

टीचर द्वारा सुझाए गये अधिक–से–अधिक सैम्पल पेपर्स हल करने का परीक्षा के आखिरी दिनों तक लगातार प्रयास जारी रखते हैं। इसी के साथ वे हर बार उस पेपर की अपने टीचर से जांच करवाते रहते हैं। अध्यापक जिस किसी भी गलती के बारे में इन्हें समझाते हैं, उसे स्वीकार करने के साथ वे फिर से उन्हीं विषयों की तैयारी शुरू करते हैं।

परीक्षा के लिये कड़ी मेहनत से पढ़ाई तो जरूरी है ही, लेकिन उसके साथ गुणवत्ता का भी ध्यान रखना होगा। आप चाहे सिर्फ 4–5 घंटे ही सारे दिन में पढ़ें, लेकिन जब भी पढ़ाई करें तो पूरी एकाग्रता के साथ करें। खासतौर से जहां तक गणित और विज्ञान के प्रश्नों की तैयारी की बात की जाये तो विद्यार्थियों को चाहिए कि वे सिर्फ एक ही सिद्धांत (फार्मूला) के पीछे न लगे रहें। इन विषयों की तैयारी कुछ इस तरह से करनी चाहिए कि छात्र एक अलग तरीके से प्रश्नों को हल करने के बारे में सोच सकें, क्योंकि कई बार एक प्रश्न का हल एक फार्मूले से नहीं मिलता तो हम दूसरे से कोशिश कर सकते हैं।

परीक्षा के लिये सारे कोर्स की तैयारी संभावित प्रश्नों के अनुसार ही करनी चाहिए। जहां तक मुमकिन हो सके पिछले वर्षों के परीक्षा पत्रों को अधिक–से–अधिक दोहराते रहना चाहिए। यदि परीक्षा के दौरान कुछ विषयों के सवाल लगातार आ जाएं तो भी घबराने की कोई बात नहीं। यह सच है कि ऐसे में हमारे पास इतना समय ही नहीं होता कि सारे पाठ्यक्रम को दोहराया जा सके। इसके लिये जो हमने साल के शुरू में नोट्स तैयार किये थे, वे बहुत उपयोगी हो सकते हैं। उनकी मदद से बहुत कम समय में भी परीक्षा की तैयारी पूर्ण रूप से की जा सकती है।

परीक्षा के दबाव में कई बार पुस्तकों को देखने का मन भी नहीं करता। पढ़ाई में मन न लगने का एक कारण यह भी होता है कि हमें अपना कोर्स अधिक लगता है और उसके मुकाबले में तैयारी करने का समय कम। ऐसे में हमें अधिक महत्त्वपूर्ण भागों को अलग से निर्धारित कर लेना चाहिए और

बाकी बचे हुए समय में दूसरे अध्याय पढ़ने चाहिए, लेकिन यदि हम अपने पाठ्यक्रम को छोटे–छोटे हिस्सों में बांटकर पढ़ने की कोशिश करते हैं, तो यह काम आसानी से पूरा हो जाता है और परीक्षा में अंक भी अच्छे मिल जाते हैं। जब परीक्षा से पहले पढ़ाई करने में मन बिलकुल भी न लगे तो हमें सभी विषयों से ध्यान हटाकर केवल एक विषय पर ध्यान केंद्रित करना चाहिए। जब एक–एक विषय को हम पढ़ना शुरू करते हैं तो हमारा मन परेशान नहीं होता। सारे कोर्स को छोटे–छोटे खंडों में बांटकर याद किया जाए तो यह बोझ प्रतीत नहीं होता।

कई छात्रों का यह स्वभाव होता है कि केवल परीक्षा से कुछ समय पहले ही अपनी पढ़ाई पर जोर देते हैं। परीक्षा से कुछ महीने पहले की तैयारी का फायदा तो जरूर होता है, लेकिन यदि आपने पहले दिन से टॉपर बनने का मन बना रखा है तो आपको पढ़ाई भी पहले दिन से ही करनी होगी। जो छात्र परीक्षा के करीब आने पर पढ़ाई शुरू करते हैं, वे किसी तरह अपना कोर्स तो पूरा कर लेते हैं, लेकिन अपनी कमियों और गलतियों में सुधार करने के लिये समय नहीं निकाल पाते। जब तक लगातार अभ्यास न किया जाए तो परीक्षा पास करने के लिये जैसे–तैसे करके अंक तो मिल जाते हैं, लेकिन टॉपर बनना आसान नहीं रह जाता। सबसे पहले वही लोग मंजिल तक पहुंचते हैं, जो पूरी लगन के साथ सबसे पहले चलना शुरू करते हैं।

सबसे आगे रहने के लिये पढ़ाई के साथ–साथ अच्छी सेहत का होना भी जरूरी है। यदि हम यह सोचें कि अभी तो सारा समय पढ़ाई कर लेते हैं, सेहत का ध्यान परीक्षा के बाद कर लेंगे तो हमारी यह सोच हमें बहुत नुकसान पहुंचा सकती है। लगातार पढ़ने से जहां हमारा दिमाग तनाव के कारण थक जाता है, वहीं हमारी आंखें भी प्रभावित होती हैं। एक बार आंखों में थोड़ी–सी भी परेशानी शुरू हो जाए तो फिर पढ़ना कितना कठिन हो जायेगा, इस बात का अंदाजा आप आसानी से लगा सकते हैं। आंखों को भी कुछ देर आराम की जरूरत होती है, इसलिये खासतौर से किताबी कीड़े वाले स्वभाव के छात्रों को चाहिए कि पढ़कर सफल बनना अच्छी बात है, लेकिन उसके साथ अच्छी सेहत का भी पूरा ख्याल रखें। जब कभी समय मिले थोड़ा अपने मनपसंद खेल के लिए समय निकालें या दोस्तों के साथ पार्क में घूम–फिर लें।

परीक्षा के करीब आते ही जहां तक हो सके खुद को शांत रखें। किसी तरह के मानसिक तनाव या घबराहट को अपने पास न फटकने दें। आपके मन में सदा एक ही सोच होनी चाहिए कि मैंने पूरी लगन से परीक्षा की तैयारी की है और मैं इसके सहारे टॉपर बनने की सीढ़ी चढ़ पाऊंगा। परीक्षा के लिये अपनी तैयारी के साथ महत्त्वपूर्ण यह भी होता है कि हम अपना मनोबल बनाएं रखें।

कुछ टॉपर अपने अनुभव में यह बताते हैं कि उन्होंने कभी 5–6 घंटे से ज्यादा समय पढ़ाई नहीं की, लेकिन जब भी पढ़ाई की, बिलकुल चिंतामुक्त और शांतिपूर्वक माहौल में की। इसमें यदि माता–पिता और शिक्षक का सहयोग शामिल हो तो राह और भी आसान हो जाती हैं। वैसे तो हर छात्र के सोचने और समझने का एक अलग ही तरीका होता है। हम उम्मीद करते हैं कि इस अध्याय में दी गई जानकारियां आपको टॉपर बनने में मदद करेंगी।

- टॉपर बनने जैसी बड़ी सफलता पाने के लिये कई बार एक ही काम को बार–बार करना पड़ता है।
- परीक्षा की तैयारी करते समय अपनी भावनाओं पर काबू रखना उतना ही जरूरी होता है, जितना कि पढ़ाई करना।
- जो छात्र अपने लक्ष्य पर मजबूती से टिके रहते हैं, उन्हें एक–न–एक दिन मंजिल अवश्य मिल ही जाती है।
- हर विषय को बराबर–बराबर समय देने की बजाय जो विषय कठिन हो, उसकी तैयारी में अधिक समय लगाएं।
- परीक्षा की तैयारी के लिये जब कभी भी जरूरी हो अपने अध्यापकों या सीनियर छात्रों से मदद लेते रहना चाहिए।
- टॉपर बन चुके छात्र बताते हैं कि उनकी सफलता का कोई खास रहस्य नहीं होता बल्कि सिर्फ उनका लगातार पढ़ाई करने का तरीका, उनकी परीक्षा की तैयारी, मेहनत और अपनी गलतियों से समय–समय पर सीख ही उन्हें टॉपर बनने जैसी बड़ी सफलता दिला देती है।

5. परीक्षा के भय से बचाव

कुछ छात्र ज़िंदगी में कोई भी काम करने से इतना नहीं डरते, लेकिन जब परीक्षा नजदीक आने लगती है तो उनके पसीने छूटने लगते हैं। परीक्षा चाहे कोई भी हो, जैसे ही यह हमारे करीब आती है तो हमें इसका डर और तनाव सताना शुरू कर देता है। परीक्षा का समय कुछ ऐसा होता है कि हर छोटा–बड़ा उससे घबराता है। यह बात हम सदियों से सुनते आ रहे हैं कि तनाव शब्द देखने में जितना छोटा दिखाई देता है, यह असल में उतने ही बड़े घाव हमें दे सकता है। खासतौर से इसे अगर एक बार किसी छात्र के दिमाग में रहने की थोड़ी–सी जगह मिल जाए तो यह उसे तुरंत ऊंचाइयों से नीचे गिरा सकता है। इससे डरने या घबराने की जरूरत नहीं, क्योंकि इसे अपने से दूर भगाना कोई कठिन काम नहीं है। इन सभी बातों का जवाब आपको इसी अध्याय में मिलेगा।

छात्रों के लिए तो परीक्षा की घड़ी किसी संकट से कम नहीं होती। जब कभी छात्रों से इस घबराहट का कारण पूछो तो उनके जवाब भी बड़े ही अजीब होते हैं। कुछ छात्रों का तो यह कहना होता है कि जब एक टीचर हमें सारे विषय पढ़ा नहीं सकता तो हम अकेले सारे विषय एक साथ कैसे याद रख सकते हैं। छात्रों की एक टोली का जवाब और भी अधिक मज़ेदार है। उनका कहना यह है कि सारे साल की पढ़ाई का लेखा–जोखा सिर्फ तीन घंटे में कैसे दिया जा सकता हैं?

जहां तक डर और तनाव की बात की जाए तो यह बात समझ लें कि शायद ही ऐसा कोई छात्र होगा जिसे परीक्षा से डर न लगता हो। यह बात अलग है कि कुछ छात्रों को यही डर सताता है कि पता नहीं कि मैं पास हो पाऊंगा या नहीं। दूसरी ओर जो विद्यार्थी बहुत अच्छी तरह से पढ़ाई करते हैं, उनके मन में हर समय यही डर बैठा रहता है कि मैं टॉपर बन पाऊंगा

या नहीं। एक छात्र, जो देखने में काफी आश्वस्त लग रहा था, उससे परीक्षा के डर को लेकर जब पूछा गया तो उसने बहुत बढ़िया जवाब दिया कि मुझे परीक्षा के दिनों में सिर्फ दो बार डर लगता है, एक रात को और दूसरा दिन में। कई छात्र अपनी पढ़ाई से अधिक इस बात को लेकर चिंतित रहते हैं कि उनके दोस्त किस प्रकार से तैयारी कर रहे होंगे। अगर मेरे अंक कम आ गये तो वे सभी मेरे बारे में क्या सोचेंगे। ऐसे छात्रों को फेल होने से अधिक डर बदनामी का सताता है।

एक दिन एक छात्र ने परीक्षा के दिनों में अपने दिल से पूछा कि न तो मुझे दिन में चैन है और न सारी रात नींद आती है, क्या इसे ही प्यार कहते हैं? उसके दिल ने जवाब दिया– "बेटा जी, यह प्यार–व्यार कुछ नहीं, बहुत जल्द तुम्हारी परीक्षा शुरू होने वाली है। ये सब उसी के डर की निशानियां हैं।" कई छात्र सिर्फ इसलिये तनाव में रहने लगते हैं, क्योंकि उनके माता–पिता उनसे अधिक उम्मीद करने लगते हैं। कारण चाहे कोई भी हो, लेकिन परीक्षा को लेकर हर छात्र में एक अजीब तनाव और डर बना ही रहता है।

वैसे तो पढ़ाई करना ही अपने आप में एक कठिन कार्य है, लेकिन यदि कोई छात्र अधिक अंक पाकर टॉपर बनने का सपना देखने लगे तो उसे चिंता और मानसिक तनाव कुछ अधिक ही परेशान करने लगता है। इस तनाव को कम करने के लिये पहले हमें इसके मूल कारणों को समझना होगा। भय, निराशा, हलचल, क्रोध, उदासी, ये सभी मानसिक तनाव के भाई–बहन हैं। इनमें से एक सदस्य यदि किसी छात्र के दिमाग में प्रवेश करता है तो वह बाकी के अपने सभी साथियों को भी झट से वहीं बुला लेता है। क्या कोई ऐसा इंसान नहीं है, जो हमारी चिंता और तनाव को मिटा सके। हो सकता है कि आपको यह जवाब कुछ अजीब–सा लगे, लेकिन सच्चाई यही है कि आज तक कोई भी इतना प्रभावशाली व्यक्ति नहीं हुआ, जो परीक्षा के इस अनजाने डर को बिलकुल खत्म करने की हिम्मत कर सका हो।

अब ऐसे लोगों को कौन समझाए कि परीक्षा की चिंता करने की बजाय यदि समय रहते परीक्षा की तैयारी ढंग से कर ली जाए तो फिर यह परेशानी और घबराहट आपके नज़दीक भी नहीं आ पायेगी। हर छात्र को एक बात याद रखनी चाहिए कि जैसे ही परीक्षा का डर आपको सताने लगे, उसे उसी

समय नष्ट कर देना चाहिए। जो अनजाने डर से डरते रहते हैं, वे कभी भी चैन से नहीं जी पाते।

क्या आप यह जानते हैं कि जो अपने डर पर काबू पाना नहीं जानते, उन लोगों को डर सदा के लिये अपने काबू में कर लेता है। भय से मुक्त जीवन जीने के लिये हमें ज्ञानवान होने के साथ आत्मविश्वासी भी होना पड़ेगा। अब इस सवाल को समझने की जरूरत है कि आखिर हर परीक्षा से छात्र इतना डरते क्यों हैं?

सबसे पहला कारण जो हमारे दिमाग में आता है, वह है हमारी अपेक्षाएं। हमें यह डर परेशान करता रहता है कि जैसे दूसरे छात्र परीक्षा में अच्छे अंक हासिल नहीं कर पाये, कहीं हमारे साथ भी ऐसा न हो जाए या सारा वर्ष पढ़ाई करने के बाद परीक्षा वाले दिन हमारी तबीयत न खराब हो जाए। छात्रों के तनाव में और अधिक इज़ाफा अभिभावकों और अध्यापकों की अपेक्षा और छात्रों के चंचल मन के कारण और अधिक बढ़ जाता है।

वैसे तो छात्र सारा साल ही पढ़ाई करते हैं। परीक्षा के लिये भी वह उन्हीं पुस्तकों को पढ़ते हैं, लेकिन परीक्षा के दिनों में चिंता और तनाव छात्रों को क्यों परेशान करने लगते हैं... इस बारे में जब विचार करते हैं तो पहला कारण यही समझ आता है कि हम पढ़ाई करते समय चिंतन करने की बजाय चिंता करने लगते हैं कि कहीं आखिरी समय में हमारे साथ कुछ गड़बड़ न हो जाए। हमारा तनाव इसलिये बढ़ता है, क्योंकि जो कुछ हम चाहते हैं वह सब हमारी मर्जी के मुताबिक नहीं हो पाता।

दिखावे के इस माहौल में अभिभावकों की अपेक्षाएं जरूरत से ज्यादा बढ़ने लगी हैं। कुछ अभिभावक न तो कोर्स को जानना चाहते हैं, न ही अपने बच्चों की क्षमता को ठीक से आंकते हैं। उनकी तो बस एक ही जिद्द होती है कि हमारा बच्चा किसी तरह भी एक बार टॉपर बन जाए ताकि समाज़ में हमारी नाक ऊंची रह सके।

डर, परेशानी, भय, खौफ़ आदि के बारे में जब भी कोई बात की जाए तो यही लगता है कि इस बारे में बोलना तो बहुत आसान है, लेकिन जब अपने सिर पर मुसीबत आन पड़ती है तो उस समय सारा ज्ञान छू–मंतर हो जाता है। काफी हद तक यह बात सच भी है। परन्तु जो जीवन में संतुलन बनाना सीख लेते हैं, उन्हें फिर इस तरह की परेशानियां दुखी नहीं कर सकती,

लेकिन अगर किसी ने डरकर अपना आत्मविश्वास खो दिया तो वह सब कुछ जानते हुए भी अपनी ज़िंदगी में कुछ नहीं कर पाता। इस मसले से जुड़ा हुआ एक छोटा–सा किस्सा आपको बताते हैं।

एक आदमी को किसी दिन सुबह किसी काम से जल्दी जाना था। उसने अपनी बीवी से कहा कि आज मेरे लिये नाश्ता जल्दी तैयार कर देना, मुझे ऑफिस के एक जरूरी काम से जाना है। यह बात सुनते ही पत्नी घबरा गई और तनाव में आ गई, क्योंकि उसने अभी तक नाश्ता बनाने की तैयारी शुरू ही नहीं की थी। वह इतना डर गई कि जल्दी–जल्दी नाश्ता बनाते समय खाने में नमक की जगह मिर्ची डाल बैठी। पति जो किसी कारण से पहले ही तनाव में थे, वह बिना खाना खाए ही घर से नाराज़ होकर चले गये। पत्नी सारा दिन इस बात को लेकर चिंता करती रही कि मैं भी कितनी बड़ी बेवकूफ हूं। पति को जरूरी काम से जाना था तो मैं उनके लिये ठीक से नाश्ता भी नहीं बना पाई। अब वह सारा दिन मालूम नहीं कुछ खा पाएंगे या नहीं। इसी सोच में डूबी हुई उस औरत ने शाम होते ही अपने पति के लिये खाना बनाने की तैयारी शुरू कर दी। इस बार उसने बहुत ध्यान रखते हुए खाने में नमक –मिर्च ठीक से डाल दिया, लेकिन मानसिक तनाव के चलते उसे बार–बार यह शक सताने लगा कि शायद वह सब्जी में मिर्च डालना भूल गई है। यही सोचकर उसने एक बार फिर से सब्जी में मिर्च डाल दी। जब देर रात पति महोदय घर आकर खाना खाने बैठे तो सब्जी खाने लायक नहीं थी। उन्होंने गुस्से में खाने की थाली ही छोड़ दी। इस उदाहरण से हमें यह बात आसानी से समझ आ जाती है कि किसी काम को हम चाहे बरसों से कर रहे हों, लेकिन जब हमारे दिलोदिमाग पर तनाव हावी हो जाता है तो हम कोई भी काम ठीक ढंग से नहीं कर पाते।

विद्वान लोग कहते हैं कि चिता से भी खतरनाक होती है, चिंता। चिता तो आदमी को मरने के बाद सिर्फ एक बार जलाती है, लेकिन चिंता हर पल जलाती है। चिंता तो उस बीमारी की तरह है, जो न दिन में चैन लेने देती है और न ही रात को। इससे भी बड़ी बात तो यह है कि चिंता करने से किसी समस्या का हल नहीं मिलता।

यदि कोई छात्र परीक्षा की अधिक चिंता करता है तो क्या वह बिना पढ़े पास हो जायेगा? क्या परीक्षक हमें इसलिये अच्छे अंक दे देगा कि हमने

अपनी परीक्षा की बहुत चिंता की है? भय को दूर भगाने के लिए ज्ञान व विवेक की प्राप्ति ही एक मात्र उपाय है। बात चाहे पढ़ाई की हो या परीक्षा की, हमें हल तो तभी मिलेगा जब हम डटकर, हिम्मत के साथ संघर्ष करेंगे। हमें यह कभी नहीं भूलना चाहिए कि हर दिन हर समय एक जैसा नहीं होता। जो छात्र छोटी–मोटी परेशानियों से भयभीत हो जाते हैं, वे आगे नहीं बढ़ पाते। इसलिये भय को मन से निकाल, आगे बढ़कर ही अपने लक्ष्य की प्राप्ति की जा सकती है।

इस परेशानी से मुक्ति पाने का सबसे आसान तरीका यही है कि हम खुद को हालात के मुताबिक बदलना सीख लें। कहते हैं कि कोई भी व्यक्ति ज्ञान की बदौलत तकनीक सीखकर जंगल के राजा शेर को भी अपना गुलाम बना सकता है, तो क्या हम अपने मानसिक तनाव को नहीं मिटा सकते। इस बात पर कुछ भी कार्यवाही करने से पहले हमें अपनी क्षमता को भी आंकना होगा। क्या हम सच में इतने शक्तिशाली और बलवान हैं कि हम अपने दिलोदिमाग के साथ अपनी सभी इन्द्रियों पर काबू रख सकते हैं। हम आपको विश्वास दिलाते हैं कि यह काम थोड़ा मुश्किल जरूर है, लेकिन नामुमकिन नहीं।

वैसे तो हर इंसान में आत्मविश्वास होना जरूरी है, लेकिन छात्रों को इसकी अहम जरूरत होती है। अकसर देखने में यह आता है कि विद्यार्थियों में आत्मविश्वास की जगह अति विश्वास अधिक होता है। अति विश्वास से सदा बचना चाहिए, क्योंकि यह हमारा बहुत नुकसान कर सकता है।

यह सच है कि परीक्षा के डर से हम सभी तनाव में आ जाते हैं, लेकिन हमें कभी भी अपनी परेशानी हर किसी को नहीं बतानी चाहिए। आज के समय में सच्चे हमदर्द कम और हमारे दुःखों पर खुश होने वाले अधिक हैं। एक बार एक छात्र ने अपने दोस्त से कहा कि यार जब कोई अपना खास दोस्त फेल हो जाता है तो बहुत तकलीफ़ होती है। पास ही बैठे एक और दोस्त ने कहा कि मुझे तो सबसे ज्यादा तकलीफ़ उस समय होती है जब हमारा कोई दोस्त टॉपर बन जाता है।

सभी छात्रों को एक बात यह भी याद रखनी चाहिए कि कष्ट, परेशानी सिर्फ हमारी ज़िंदगी में ही नहीं आते, बल्कि इतिहास गवाह है कि भगवान राम, कृष्ण, महात्मा बुद्ध, गुरु नानक देव और गुरु गोबिंद सिंह जैसे महान गुरुओं का तो सारा जीवन ही कष्टों से भरा रहा है। ऐसी हस्तियों से यही

प्रेरणा मिलती है कि जो सहता है, वही रहता है। कमज़ोर लोग तो जरा–सी असफलता से घबराकर मरने की बात सोचने लगते हैं।

पढ़ाई को भूलकर जब किसी अन्य विषय पर थोड़ी देर बातचीत की जाए तो हमारे दिमाग से तनाव कम होने के साथ उसे सुकून भी मिलता है। इससे जिस प्रकार हम अपने मोबाइल फोन की बैटरी चार्ज करके फिर लंबे समय तक उसे इस्तेमाल कर सकते हैं। बिलकुल उसी तरह हमारा दिमाग फिर से तरोताजा होकर कुछ भी नया पढ़ने और उसे स्वीकार करने के लिये तैयार हो जाता है।

आप जरूर यह सोच रहे होंगे कि परीक्षा के दिनों में जहां एक–एक पल कीमती होता है तो हम इतना समय बेकार कैसे कर सकते हैं, लेकिन यह सच है कि अपने दिमाग से परीक्षा की परेशानी और घबराहट को कम करने के लिये यह सब बहुत ही जरूरी है। इस बात को और अच्छे से समझने के लिये एक उदाहरण यह भी है कि हर कारीगर काम करने से पहले अपने औजारों की धार ठीक करता है। जितना समय वह अपने औजारों की धार बनाने में लगाता है उतना समय उसने बर्बाद नहीं किया, बल्कि अधिक तेजी से और अपनी कार्यकुशलता बढ़ाने के लिये यह एक जरूरी कसरत की तरह होता हैं। जब तक किसी भी कारीगर के औजार ठीक से पैने न हों, वह अपना कोई भी काम नहीं कर पाता। यदि वह बिना तेज किये औजारों से काम करने की कोशिश करेगा तो दोगुना से भी अधिक समय लगेगा।

इस बात को भी नकारा नहीं जा सकता कि छात्र जब किसी विषय को पहली बार पढ़ते हैं तो उन्हें बहुत घबराहट होती है, लेकिन किसी भी छात्र को न तो पढ़ाई को लेकर चिंता करनी चाहिए और न ही डरना चाहिए। क्योंकि हम पढ़ाई से जितना अधिक डरेंगे, दहशत उतनी ही तेजी से हमारे ऊपर हावी होगी। यह बात भी पक्की है कि जिसने डर पर काबू पाना सीख लिया, उसकी जीत निश्चित है।

सफलता पाने के इच्छुक छात्रों को चाहिए कि चिंतामुक्त जीवन जीने के लिये भूत–भविष्य को भूलकर केवल वर्तमान को ध्यान में रखते हुए पढ़ाई करें। डर से कभी भी डरना नहीं चाहिए, क्योंकि डर हमें वह पाने से रोकता है, जो हम आसानी से पा सकते हैं। हर छात्र में इतनी प्रतिभा जरूर होती है कि वह अपने दिल की बात अच्छे से बयान कर सके, वह बात अलग है कि बहुत सारे

छात्र अपने टीचर से डरकर या घबराकर इसे अपनी जुबां पर नहीं लाते। किसी भी बात को अनचाहे भय से घबराकर घुमा–फिराकर कहने की बजाय सीधे मुद्दे की बात करने से बहुत सारी परेशानियां कम हो जाती हैं।

छात्रों को पढ़ाई के साथ–साथ यह बात भी दिमाग में रखनी चाहिए कि दुःख, परेशानी सिर्फ छात्रों की ज़िंदगी में ही नहीं, बल्कि हर अमीर–गरीब, ज्ञानी–अज्ञानी के जीवन में भी आते ही रहते हैं। फर्क सिर्फ इतना होता है कि बुद्धिमान लोग दुःख से डरने की बजाय उसे निपटा देते हैं और कमज़ोर छात्रों को डर निपटा देता है। डर ऐसी कोई चीज़ नहीं है, जिसे खत्म न किया जा सके। जो व्यक्ति अपने आत्मविश्वास को कायम रखने में कामयाब हो जाता है, वह बहुत जल्द ही डर से उबरकर टॉपर बनने की राह पर बढ़ने लगता है। पढ़ाई के क्षेत्र में अपनी अलग पहचान बनाने वालों के अनुभव को देखें कि वह परीक्षा के भय और तनाव को किस तरह से दूर रखते हैं।

- सुबह–शाम थोड़ी–बहुत सैर और व्यायाम करने से काफी हद तक तनाव से निजात मिल सकती है।
- टॉपर बनने वाले यह जानते हैं कि भविष्य के डर से प्रेरणा लेकर हम अपने वर्तमान को सुधार सकते हैं।
- चिंता और भय परीक्षा के समय वायरस की तरह तेजी से फैलते हैं, इसलिये इनसे बहुत सावधान रहना चाहिए।
- डर सिर्फ उन्हीं लोगों को सताता है, जो अपना काम वक्त पर नहीं करते। जो योजनाबद्ध तरीके से काम करना जानते हैं, वे समझते हैं कि वक्त उनके लिये कभी नहीं रुकेगा।
- मोबाइल–फोन, कम्प्यूटर, इंटरनेट का उपयोग करना छात्रों के लिये जरूरी हो गया है, लेकिन जब पढ़ाई करने का समय हो तो इन्हें अपने से दूर कर दें क्योंकि उस समय ये फालतू का तनाव बढ़ाते हैं।
- जब कभी आपको किसी बात का डर बहुत अधिक सताने लगे, उस समय आप उस विषय को छोड़ कर किसी भी दूसरे विषय पर बात करनी शुरू कर दें तो कुछ ही देर में डर खुद ही खत्म हो जाएगा।

6. याद्दाश्त के टिप्स

याद्दाश्त, स्मरण शक्ति, स्मृति ये सभी एक ऐसे गुण के नाम हैं, जिस के बिना छात्र टॉपर बनना तो दूर, परीक्षा में सफल होने की बात सोच भी नहीं सकता। किसी विषय या खास बात को याद रखने की समस्या कुछ समय पहले तक सिर्फ बुजुर्ग लोगों को सताती थी, लेकिन प्रतिस्पर्धा के चलते मानसिक दबाव इतना बढ़ गया है कि अधिकतर छात्रों को भी स्मरण शक्ति जैसी समस्या से दो–चार होना पड़ रहा है।

आजकल की असंयमित और अस्त–व्यस्त जीवनशैली का हमारे दिमाग पर बहुत बुरा असर पड़ रहा है। इसलिए शायद छात्र सुबह जल्दी उठकर पढ़ने की बजाय देर रात को जागकर पढ़ना पसंद करने लगे हैं। लगातार इस व्यवहार से युवाओं के स्वभाव में तनाव, चिड़चिड़ापन आने के कारण हमारी याद्दाश्त प्रभावित होने लगती है। इसके साथ विज्ञान की नई–नई उपलब्धियां भी हमारी याद्दाश्त को कमजोर बनाने के लिये जिम्मेदार हैं।

हो सकता है कि आपको यह बात कुछ अज़ीब–सी लगे, लेकिन यह सच है कि जो बातें कल तक हम आसानी से याद रख लेते थे, आज वे सभी जानकारियां हमारे मोबाइल फोन या कंप्यूटर में दर्ज होकर रह जाती हैं। इस रवैये से हमारे दिमाग को भी हर समय सुस्त बैठे रहने की आदत होने लगी है। इसलिये एकाग्रता के अभाव में वह अपना कोई भी काम ठीक से याद नहीं रख पाता। इस परेशानी से मुक्ति पाने का आसान–सा तरीका यह है कि परीक्षा के दिनों में बेकार की सभी बातों को भुलाकर सिर्फ और सिर्फ अपनी पढ़ाई पर ध्यान केंद्रित किया जाए।

जिस चीज़ को हम जिस तरह से भूलते हैं, वह उसी तरह से ही याद आती है। भूलने का कारण क्या होता है? भूलने और याद रखने का एक ही कारण होता है। जिस विषय–वस्तु का हम ध्यान करते हैं, वह हमें याद रह

जाती है। जिस विषय के बारे में कभी कुछ नहीं सोचते, वह भूलने लगता है। पढ़ते समय भी यह याद रखना चाहिए कि मैं क्या पढ़ रहा हूं। अब आप सोचेंगे कि जब पढ़ाई कर ही रहे हैं तो इसे याद रखने की क्या बात है।

अगर हम यहां याद्दाश्त के बारे में यह बात लिख रहे हैं तो उसके पीछे भी एक खास कारण है। हमारा स्वभाव इस तरह का है कि जो कुछ हमारे सामने चल रहा होता है, हमें सिर्फ वही दिखाई देता है बाकी सब कुछ भूल जाते हैं, जैसे–हम फिल्म देखने जाते हैं तो उसमें इतना खो जाते हैं कि हमें यह भी याद नहीं रहता कि यह सिर्फ एक पर्दे पर फिल्म चल रही है। फिल्म में जो नाच–गाना चल रहा होता है, हम उसे ही हकीकत समझकर सब कुछ सच मानने लगते हैं। अगर कोई हंसी–मज़ाक का सीन चल रहा हो तो हम खुश होने लगते हैं। अगर कोई गंभीर या दुखी करने वाला सीन सामने आ जाता है तो हम दुःखी होने लगते हैं। हम यह भी भूल जाते हैं कि इस सारे खेल का हकीकत से कोई लेना–देना नहीं है। हमें पिक्चर हॉल में बैठे हुए फिल्म के अलावा कुछ भी याद नहीं रहता।

कुछ छात्रों की याद्दाश्त इतनी कमजोर होती है कि वे कोर्स तो क्या, यह भी भूल जाते हैं कि किस दिन क्या काम करना है? एक छात्र तो इतना भुलक्कड़ है कि वह तो यह भी भूल जाता है कि उसने आज अपनी दवा खाई भी थी या नहीं। अगर हम किसी विषय को ठीक से समझ नहीं पाते या पढ़ने के बाद जल्दी भूल जाते हैं, तो इसके मायने यह हो सकता है कि पढ़ाई करते समय हमारा मन एकाग्रचित्त नहीं हो पा रहा। इस कमी को थोड़ी बहुत माता–पिता, अध्यापकों की मदद और अभ्यास से बहुत जल्दी ठीक किया जा सकता है। भगवान हर व्यक्ति को दिमाग तो एक जैसा ही देता है, लेकिन जो छात्र शुरू से ज्ञान पाने में अधिक रुचि रखते हैं उनकी जानकारी तेजी से बढ़ने लगती है। जो अपना काम लापरवाही से करने के आदी हो जाते हैं, उन्हें फिर कुछ भी याद नहीं रह पाता।

किसी विषय को जल्दी से याद न कर पाना या उसे पढ़ने के बाद भूल जाना, किसी तरह के रोग या दिमागी कमजोरी के कारण नहीं होता, बल्कि यह हमारे दिमाग की जागरूकता में कमी के कारण होता है। जब तक हमारे अंदर कुदरत की तरफ से या किसी बीमारी के कारण कोई कमी न हो तो हमें यह विश्वास करना चाहिए कि हमारी याद्दाश्त बिलकुल ठीक है।

जिस किसी काम को हम चौकन्ने होकर करते हैं, उसमें हमारा ध्यान पूरा रहता है। खासतौर से जब हम कोई नया काम करते हैं तो उसे हम पूरी सर्तकता से करते हैं। उस काम को ठीक से करने में हमें डर भी बहुत लगता है, जैसे–हमने बचपन में साइकिल चलाना सीखा था तो उस पर बैठते ही कितना डरते थे। इसी तरह जब हम स्कूटर या कार चलाना सीखते हैं तो हमारा सारा ध्यान सामने की ओर होता है। हमें हर पल यही डर लगा रहता है कि अगर जरा–सी भी चूक हुई तो बहुत बड़ी दुर्घटना हो सकती है। लेकिन जब हम कार–स्कूटर चलाना अच्छी तरह से सीख लेते हैं, तो फिर दोस्तों के साथ मौज–मस्ती और गपशप करते हुए भी उसे आसानी से चला लेते हैं।

यही नियम बिलकुल हमारी पढ़ाई पर भी लागू होता है। जब तक हम पूरी मुस्तैदी से पढ़ाई करते हैं तो हमें हर अध्याय याद रहता है, लेकिन जब थोड़ी लापरवाही से किसी पुस्तक को पढ़ते हैं तो वह हमें ठीक से याद नहीं रहता। याद्दाश्त की सभी कमियों पर अच्छी तरह विचार करने के बाद उसे सुधारने के लिये ऐसे सभी टिप्स का विवरण यहां दिया जा रहा है, जिनकी मदद से छात्रों को अपनी इस समस्या से जल्द छुटकारा मिल जाएगा।

अकसर छात्र जिसे कमजोर स्मरणशक्ति कहते हैं, वह असल में किसी किस्म की परेशानी नहीं होती। यह बिलकुल वैसे ही है, जैसे हम अपने घर में कोई चीज़ रखकर कुछ समय के लिये उसे छोड़ देते हैं और फिर उसकी ओर ध्यान नहीं देते। जब चंद महीनों बाद हमें उस चीज़ की जरूरत पड़ती है तो हमें वह याद ही नहीं आती कि कहां रखी थी। कई बार कुछ पुराने दोस्तों के नाम हमें याद नहीं आते। बार–बार ऐसा लगता है कि यह हमारे दिमाग में घूम तो रहा है, लेकिन न जाने जुबां पर क्यों नहीं आ रहा।

इसी बात को और अच्छे से समझने के लिये हम एक और उदाहरण आपके सामने रखते हैं। कई बार हम अपने दोस्तों के साथ बातें करते–करते अपने घर के सामने से निकलते हुए भी उससे आगे निकल जाते हैं। थोड़ा आगे जाने पर हमें मालूम पड़ता है कि यार, मेरा घर तो पीछे रह गया। बातों–बातों में मैं तो अपना घर भी भूल गया। असल में हम अपने घर को नहीं भूले, हमारा सारा ध्यान दोस्तों की गपशप में इतना मगन हो गया कि हमें अपने घर के बारे में पता ही नहीं चला कि हम कब उसे पीछे छोड़ आए। यही सब कुछ पढ़ाई के मामले में हमारे साथ होता है। किसी भी अध्याय को

जब तक गंभीरता से पढ़कर उस पर बार–बार विचार नहीं किया जाएगा, वह हमें कभी भी याद नहीं रह पाएगा।

जिस प्रकार शरीर को स्वस्थ रखने के लिये हम कसरत करते हैं, उसी तरह अपनी शक्ति बढ़ाने के लिये हमें अपने दिमाग को जहां तक हो सके सक्रिय रखना चाहिए। पत्र–पत्रिकाओं में प्रकाशित पहेलियां हल करने से और खाली समय में कुछ खास किस्म के वीडियो गेम्स खेलने से भी मस्तिष्क की शक्ति को तेजी से बढ़ाया जा सकता है।

कई बार परीक्षा हाल में जब प्रश्नपत्र हमारे सामने आता है, तो हम यही सोचने लगते हैं कि याद्दाश्त बहुत कमजोर हो गई है, लेकिन चार साल पहले टीचर ने जब सारी क्लास के सामने पिटाई की थी तो उस बात को भूलना चाहें तो लगता है कि जैसे सारी दुनिया के काजू–बादाम हमने ही खा रखे हों।

परीक्षा में टॉप करने वाले छात्र पढ़ाई के समय किसी भी फालतू के कार्य को कोई प्राथमिकता नहीं देते। वह पढ़ते समय इस तरह से पढ़ाई करते हैं कि अध्याय का हर अक्षर उनके दिल में उतर जाता है फिर भी किसी किस्म की कठिनाई हो तो पढ़ी हुई बातों को लिखकर याद करने का प्रयास करते हैं। एक बार समझ न आने पर वह एक ही खण्ड को कई बार दोहराते हैं।

सदा प्रथम स्थान बनाए रखने वाले छात्र जानते हैं कि नीचे से ऊपर पहुंचने में बहुत कड़ी मेहनत करनी पड़ती है, जबकि ऊपर से नीचे गिरने में एक पल भी नहीं लगता। एक ही विषय को बार–बार रटने से भी स्मरण शक्ति में इज़ाफा होता है और याद की हुई सारी जानकारी दिमाग में अच्छे से अंकित हो जाती है।

कई छात्रों की अकसर यह शिकायत होती है कि उनके अध्यापक उन्हें एक ही अध्याय को बार–बार पढ़ने और फिर लिखकर याद करने के लिये कहते हैं। हो सकता है कि उनकी यह बात सच हो कि इस तरह पढ़ाई करने से कोई भी पढ़ी हुई चीज़ हमेशा के लिये याद हो जाती है, लेकिन यहां परेशानी यह भी है कि आज के समय में जितनी अधिक पुस्तकें और कोर्स हैं उनको इस तरह से पढ़ने के लिये छात्रों के पास समय ही नहीं बच पाता।

उनका यह भी कहना है कि एक अध्यापक हमें सभी विषय एक साथ नहीं पढ़ा सकता तो हमसे यह उम्मीद क्यों की जाती है कि हम अकेले सभी विषयों

को एक साथ याद रखें। यह बात मज़ाक में तो अच्छी लग सकती है, लेकिन आज के छात्रों को यह भी समझना होगा कि आज का दौर विशेषज्ञों का दौर है। हर क्षेत्र में अलग–अलग विशेषज्ञ हैं। हमें अपनी यह खुशनसीबी समझनी चाहिए कि हमें इतनी विशेष शिक्षा मिल रही है।

यदि कोई छात्र मन में टॉपर बनने का विचार रखता है तो उसे यह भी ध्यान रखना होगा कि हम जब भी स्कूल की क्लास, कोचिंग सेंटर में पढ़ाई करें तो उस समय हमारा सारा ध्यान केवल और केवल पढ़ाई पर केंद्रित होना चाहिए। खेल के समय खेल अच्छा लगता है, लेकिन यदि पढ़ाई के समय हमारा थोड़ा–सा ध्यान भी मोबाइल फोन, कम्प्यूटर गेम या किसी अन्य खेल की ओर जाता है तो हमारा ध्यान भटक जाता है। यह गलती हमें नुकसान पहुंचा सकती है।

घर में भी पढ़ाई करते समय रेड़ियो, टीवी या किसी भी प्रकार का अन्य कोई उपकरण न चलाएं। अपने मोबाइल फोन को या तो बंद रखें या साइलेंट मोड पर अपने से दूर रखें ताकि यह बार–बार आपका ध्यान पढ़ाई से न भटका सके। साथ ही हमें यह आदत बनानी चाहिए कि पढ़ाई करते समय हर मुख्य बात नोट्स के रूप में लिखते रहें। इससे हमें उस विषय को दोहराते समय बहुत मदद मिल सकती है।

कुछ विषयों के बारे में पढ़ते समय हमें कम्प्यूटर या इंटरनेट से बहुत मदद मिल सकती है, लेकिन यहां भी हमें इस बात का गंभीरता से ध्यान रखना होगा कि हम इसे केवल अपने विषय की जानकारी हासिल करने के लिये ही इस्तेमाल करें। आमतौर पर कम्प्यूटर चालू होते ही हमारा ध्यान सबसे पहले सोशल साइट्स पर चला जाता है। जब एक बार हम वहां अपने किसी दोस्त से गपशप शुरू करते हैं, तो हमें समय का ध्यान ही नहीं रहता कि हमारे कीमती पल कौन चुराकर ले गया।

प्रदर्शन पट्टिका या डिस्प्ले बोर्ड बहुत ही काम की चीज़ हैं। वैसे तो इसे सिर्फ स्कूल–कॉलेज़ की कक्षाओं में छात्रों को जरूरी जानकारी देने के लिये ही इस्तेमाल किया जाता है, लेकिन परीक्षा की तैयारी करते समय यह हमारे घर में भी अहम भूमिका अदा कर सकते हैं। हो सकता है कि यह बात थोड़ी अजीब लगे, लेकिन हम अपनी पढ़ाई से जुड़ी हर जरूरी बात इस पर लिख

सकते हैं। यदि कोई खास जानकारी या फार्मूला हमें याद नहीं हो रहा तो उसे भी हम इस पर लिख सकते हैं।

फिर जब कभी हम पढ़ाई करते हुए थक जाते हैं तो हर समय यह बोर्ड हमें आते–जाते वह मुश्किल बात बार–बार याद करवाता रहेगा। कुछ ही समय बाद हम खुद महसूस करने लगते हैं कि जो कार्य हमें बहुत कठिन लग रहा था, वह लगातार देखने से आसानी से याद हो गया है। इस बोर्ड पर हम अपने अच्छे काम को भी दिखा सकते हैं। ऐसा करने से एक ओर जहां हमारे अंदर और अच्छे काम करने के विचार उत्पन्न होते हैं, वहीं यह हमारे लिये एक प्रेरणास्रोत भी बन जाता है।

वैसे तो आजकल पढ़ाई का दबाव इतना अधिक है कि थोड़ा–सा भी खाली समय निकालना बहुत मुश्किल है, लेकिन फिर भी जब कभी हमें थोड़ा बहुत अतिरिक्त समय मिले तो हमें पीछे का सारा कोर्स दोहराते रहना चाहिए। यह बात इसलिये लिखी जा रही है, क्योंकि जब कोई चीज़ बहुत समय तक हमारी आंखों से दूर रहती है तो वह हमारी सोच और याद्दाश्त से भी दूर होने लगती है। बेशक हम उस विषय को हमेशा के लिये भूलते नहीं, लेकिन परीक्षा के समय हम उसे ठीक से याद भी नहीं रख पाते।

इस बात को एक छोटी–सी मिसाल से समझा जा सकता है। हम बाजार से कई बार कोई खास चीज़ अपने इस्तेमाल के लिये लेकर आते हैं, लेकिन किसी कारण से हम उसे अपने घर की किसी अलमारी या कोने में रख देते है। जब कभी घर की साफ–सफाई की जाती है तो उस समय हमें उस चीज़ को देखकर याद आता है कि यह भी हमारे घर में पड़ी हुई है। इसे तो मैंने पिछले बहुत समय से कभी देखा ही नहीं। बिलकुल ठीक उसी तरह, जो जानकारी हम लगातार इस्तेमाल करते हैं वह तो हमें याद रहती है बाकी की सभी बातें हमारी याद्दाश्त से गुम होने लगती हैं। एक बार जो छात्र अपनी इस आदत में सुधार कर लेते हैं, उन्हें न तो किसी प्रकार का तनाव और न ही कोई कठिनाई होती है।

कुशल और होशियार छात्र इस बात को अच्छी तरह से जानते हैं कि सुबह उठकर पढ़ाई करने का बहुत फायदा होता है। दिन के समय हम जितना कुछ चार घंटे में भी नहीं पढ़ पाते, उससे कहीं अधिक हम सुबह दो घंटों में पढ़ लेते हैं। आपको यह सोचकर जरूर हैरानी हो रही होगी कि यह

कैसे मुमकिन हो सकता है। इसका सीधा–सा जवाब है कि सुबह हम तरोताजा होते हैं। हमारा दिमाग भी बिलकुल शांत होता है। न तो घर के अंदर और न ही बाहर किसी किस्म का शोर हमारी पढ़ाई में विघ्न डालता है। इस वजह से हमारा ध्यान सिर्फ पढ़ाई पर ही केंद्रित रहता है। ऐसे माहौल में जो कुछ भी पढ़ा जाता है, हमारा दिमाग उसे झट से एक कम्प्यूटर की तरह संग्रह कर लेता है।

यदि हमें परीक्षा के परिणामों की चिंता न हो तो हम कुछ भी आधा–अधूरा पढ़कर परीक्षा देने जा सकते हैं, लेकिन यदि हमें अच्छे अंक पाकर टॉपर बनना है तो उसके लिये जरूरी है कि हम हर अध्याय को न सिर्फ अच्छी तरह से पढ़ें, बल्कि उसे पूर्ण रूप से समझते हुए याद भी रखें। जैसा कि पहले भी बताया गया है कि किसी भी विषय को याद रखने का एक आसान तरीका है कि हम उसे लिखकर याद करें। इसमें थोड़ा समय जरूर लगता है, लेकिन इस तरह से याद किया हुआ अध्याय बहुत लंबे अरसे तक याद रहता है।

कई छात्रों के माता–पिता को यह डर सताता रहता है कि शायद उनके बच्चे की स्मरणशक्ति कमज़ोर है। ऐसा उन्हें इसलिये लगता है कि जितनी मेहनत उनका बच्चा करता है उसके अनुसार उसे अंक नहीं मिल पाते। उनका बच्चा सारी–सारी रात बैठकर पढ़ाई तो करता है, लेकिन प्रश्न पत्र लिखते समय न जाने क्यों सब कुछ भूल जाता है। दूसरे बच्चे किसी भी अध्याय को एक या दो बार पढ़ने से ही याद कर लेते हैं, लेकिन उनका बच्चा उसी पाठ्य सामग्री को पढ़ने के बाद भी सफल नहीं हो पाता। ऐसी नकारात्मक सोच बच्चों को किसी प्रकार मदद करने की बजाय उनके ऊपर भी नकारात्मक प्रभाव डालती है।

ऐसी हमदर्दी जताने की बजाय हमें इसका कारण जानना होगा। जैसे ही आप इसे गंभीरता से समझने का प्रयास करेंगे तो आप जान जाएंगे कि या तो आपके बच्चे का पढ़ने का तरीका ठीक नहीं है या वह एकाग्रचित होकर पढ़ाई नहीं कर पा रहा। थोड़ा–सा प्रयास करने से जब हम पढ़ाई का उचित माहौल तैयार कर देते हैं तो उस छात्र की सारी रूकावटें खुद–ब–खुद दूर होने लगती हैं, साथ ही बच्चे की याददाश्त भी ठीक हो जाएगी।

इस संबंध में विशेषज्ञ कहते हैं कि हमारे दिमाग का अधिकांश भाग सोया रहता हैं, कुछ भाग ही सक्रिय होता है। जिन बातों को हम कई बार पढ़कर याद नहीं रख पाते, वह भी दिमाग के सुस्त वाले हिस्से में जमा रहती हैं।

पारिवारिक माहौल का भी हमारी पढ़ाई और याद्‌दाश्त के ऊपर बहुत गहरा प्रभाव पड़ता है। हमें पढ़ाई उस समय करनी चाहिए, जब हमारा मन बिलकुल शांत हो। किसी कारण से परीक्षा के दौरान घर में तनाव का माहौल हो तो परीक्षा की तैयारी करने वाले छात्रों के सामने अजीब–सी समस्या खड़ी हो जाती है। घर में यदि पढ़ने के लिये उपयुक्त माहौल न हो तो लाख कोशिश करने पर भी छात्र अपना ध्यान पढ़ाई पर केंद्रित नहीं कर पाते। स्कूल–कॉलेज के कुछ छात्र इस परेशानी से कई बार इतना घबरा जाते हैं कि वे ज़िंदगी से ही हताश और निराश होने लगते हैं।

यदि किसी कारण से घर का माहौल ठीक न हो तो हमें कुछ देर के लिये अपनी पढ़ाई रोक देनी चाहिए। ऐसे में चाहे हम कितनी भी कोशिश कर लें, हमारी सारी मेहनत बेकार ही जायेगी। शांत वातावरण में हम थोड़े समय में अधिक पढ़कर अच्छे परिणाम की उम्मीद कर सकते हैं।

कई छात्रों के दिमाग में परीक्षा का तनाव इस तरह बढ़ जाता है कि वे उसे कम करने के लिये कई प्रकार की दवाइयों का सहारा लेने लगते हैं। उन्हें लगता है कि यह दवाइयां उनकी स्मरणशक्ति को बढ़ा देंगी, लेकिन डॉक्टरों का मत है कि कोई भी दवा अभी तक ऐसी नहीं बनी, जो हमारे दिमाग के सोचने और याद रखने की क्षमता को बढ़ा सके। डॉक्टर इस बात की पुष्टि जरूर करते हैं कि पढ़ाई–लिखाई, खानपान और विश्राम करने में यदि तालमेल बना लिया जाये तो यह समस्या बहुत हद तक काबू में की जा सकती हैं। इन सभी बातों में अगर आत्मविश्वास का तड़का लग जाए तो वह सोने पर सुहागे का काम करता है।

हमारा शरीर एक मशीन की तरह काम करता है। जैसे एक मशीन को लगातार किसी चीज का उत्पादन करने के लिये चलाये रखो तो उसमें कुछ देर के बाद कुछ–न–कुछ खराबी आने लगती है, परंतु यदि उसे बीच में कुछ देर के लिये रोक दिया जाए और फिर उत्पादन शुरू किया जाए तो मशीन ठीक से काम करती रहती है। यह छोटे–छोटे उदाहरण इसलिये लिखे जा रहे हैं ताकि ये बातें आपको सिर्फ परीक्षा तक ही नहीं बल्कि सारी उम्र याद

रह सकें, बात चाहे पढ़ाई की हो या आराम करने की, हमें हर समय अपनी समय सीमा का पूरा ध्यान रखना होगा। जब तक हम यह संतुलन बनाने में कामयाब रहते हैं, उस समय तक एक–एक कदम करके हम सफलता की ओर बढ़ते रहेंगे।

एक शोध में यह भी पाया गया है कि जो लोग हर समय किसी–न–किसी तनाव में रहते हैं, उनकी स्मरणशक्ति काफी कमज़ोर हो जाती है। इसलिये शरीर को आराम देने के लिये जितनी नींद जरूरी है, उतना ही दिमाग और आंखों को भी विश्राम और शांति देना जरूरी है। लगातार पढ़ाई करने के बाद उस विषय को अच्छी तरह याद रखने के लिए थोड़ा आराम या नींद बहुत ही मददगार होते हैं। जो छात्र यह सोचते हैं कि सारी रात लगातार पढ़ाई करने से वह कुछ खास करिश्मा कर पाएंगे, तो वे गलत सोचते हैं।

हर नये दिन की शुरुआत करते समय हमें अपने सारे दिन के कार्यों के बारे में योजनाबद्ध तरीके से तैयारी करनी चाहिए। एक सामान्य छात्र अपने दिमाग का सिर्फ 15 से 20 प्रतिशत भाग ही उपयोग करता है। पिछले दिन किये गये कार्यों पर चिंतन–मनन करना और गलतियों के संबंध में विचार करते हुए यह संकल्प लेना चाहिए कि हम इन्हें फिर कभी नहीं दोहराएंगे। जो छात्र पूर्ण आत्मविश्वास, सुनियोजित ढंग और पूर्ण एकाग्रचित हो पढ़ाई करते हैं, वे कभी भी कमज़ोर याद्दाश्त की शिकायत नहीं करते।

टॉपर बनने के लिए छात्रों को अपनी सोच कुछ इस तरह से विकसित करनी चाहिए कि आसान विषयों को छोड़कर, जो थोड़े कठिन अध्याय हैं, उन्हें पहले याद किया जाए। इस तरह के सभी अध्यायों को आप सुबह उठकर ताजगी भरे माहौल में पढ़कर जल्दी से याद कर पाएंगे।

'होनहार बिरवान के होत चिकने पात' की कहावत को सच करते हुए टॉपर बनने के लक्ष्य को पाने वाले, बचपन से ही बार–बार नियमित अभ्यास का स्वभाव बना लेते हैं। जिससे कठिन बातें भी जल्द से याद रहने लगती हैं। सुबह–शाम लगातार अभ्यास करने वाले छात्र जानते हैं कि इस प्रकिया से हर कठिन–से–कठिन अध्याय भी असानी से याद किया जा सकता है।

भूलने वाली इस कमजोरी से बचने का एक अचूक उपाय यह है कि आपने जो कुछ भी पढ़ा है उसे याद रखने के लिये 2–3 दिन बाद फिर से एक बार दोहरा लें। किस विषय को कितनी बार दोहराना चाहिए, इसके लिये कोई खास सिद्धांत तो नहीं है, लेकिन जरूरी विषयों को बार–बार याद न किया जाये तो भूलने का खतरा बढ़ने लगता है। परीक्षा में टॉपर बनने वाले छात्रों की याद्दाश्त भी कमाल की होती है। आओ एक बार कोशिश करके देखते हैं कि वे इतना सब कुछ कैसे याद रख पाते हैं।

- याददाशत बढ़ाने के लिये आप अपने मनपसंद विषयों से पढ़ने की शुरुआत करें। पढ़ते समय जब भी कोई अध्याय उबाऊ लगने लगे तो उसे तुंरत कुछ देर के लिये पढ़ना छोड़ दें।
- लगातार अभ्यास करते रहने से भी हम अपनी स्मरण शक्ति और बुद्धि को काफी तेज कर सकते हैं।
- कुशल छात्र अपनी याददाश्त को सुधारने के लिये रात को जल्दी सोने और सुबह जल्दी उठने को प्राथमिकता देते हैं।
- आत्मविश्वासी छात्र अपने हर विषय को बड़े ही ध्यान और गहरी रुचि के साथ पढ़ते हैं। इस तरह से पढ़ाई करने से हमारे विषय का हर अंश हमारी स्मृति कोष में जमा हो जाता हैं।
- किसी नाम या तथ्य को याद रखने के लिये आप उससे मिलते–जुलते किसी शब्द या छवि को अपने दिमाग में बिठा लें, इससे यह छवि हमेशा आपको इस विषय को याद रखने में मदद करेगी।
- समय चाहे पढ़ाई का हो या परीक्षा का, समझदार छात्र अपने खानपान के साथ नींद का भी पूरा ध्यान रखते हैं। नींद न लेने से या बहुत कम लेने से भी हमारे दिमाग की याददाश्त क्षमता पर बुरा असर पड़ता है।

7. टॉपर बनने के सरल गुर

किसी भी स्कूल, कॉलेज का शायद ही कोई छात्र होगा, जो टॉपर नहीं बनना चाहता। हर छात्र चाहता है कि उसे हर साल ऐसी सफलता मिले जिससे उसका नाम हमेशा सुर्खियों में बना रहे, लेकिन अधिकतर छात्र यह नहीं जानते कि आखिर पहला स्थान पाने के लिये किस गुर मंत्र का जाप किया जाए। कहने का भाव यह है कि टॉपर बनने के लिये पढ़ाई कैसे की जाए?

यह कहना कि कुछ लोगों पर भगवान की खास कृपा होती है इसलिये वे ज़िंदगी में सबसे अधिक सफल होते हैं, सही नहीं है। भगवान ने हम सभी को एक जैसा बनाया है और एक जैसी ही क्षमता दी है। यह तो हमारे ऊपर निर्भर करता है कि हम अपने अंदर छिपी हुई प्रतिभा को खोज़ने का कितना प्रयास करते हैं। सिर्फ प्रतिभा को खोज़ने से ही हमारा काम खत्म नहीं हो जाता। असल काम तो इसके बाद शुरू होता है और वह काम होता है इस प्रतिभा को निखारने का।

कुछ छात्रों की सोच यह कहती है कि आज के इस दौर में सिर्फ अमीर लोगों के बच्चे जाने–माने नामवर स्कूलों में पढ़कर अच्छा ज्ञान पाकर ही टॉपर बन सकते हैं। ऐसी बातें करने से पहले हमें यह सोचना चाहिए कि गरीबी कोई अभिशाप नहीं है, बल्कि वरदान है। हो सकता है कुछ छात्र हमारी इस बात से सहमत न हों, लेकिन हम अपनी बात दावे से कह सकते हैं कि एक गरीब का बच्चा किसी भी अमीर बच्चे से अधिक अच्छा प्रदर्शन करके दिखा सकता है। इस बात के परिणाम अलग–अलग समय पर हुई परीक्षाओं के नतीज़े खुद बयां करते हैं। इस बात को इस मिसाल से बेहतर तरीके से समझा जा सकता है।

जब हम अपने घर में एक पौधा लगाते हैं, तो उसे बड़े ही हिसाब–किताब से पानी, खाद देनी पड़ती है। साथ ही इस बात का भी हर समय ध्यान रखा

जाता है कि इस पौधे को न तो अधिक धूप लगे और न ही यह अधिक समय तक छाया में पड़ा रहे। दूसरी ओर एक पौधा जंगल में उगता है, न तो उसे कोई पानी देने जाता है और न ही उसे धूप से बचाने के लिये कोई प्रयास किये जाते हैं। फिर भी कुछ साल बाद वह बहुत ही मजबूत पेड़ बनकर हर प्रकार की आंधी, बरसात और अन्य सभी मुश्किलों को हंसते–हंसते झेलने लायक बन जाता है।

अब तो आप भी इस बात से सहमत होंगे कि हम जो कुछ अपने जीवन में पाना चाहते हैं, जो कुछ भी हम बनना चाहते हैं, वह सब कुछ हम मुमकिन करके दिखा सकते हैं। विद्वान लोग भी इस बात की पुष्टि करते हुए कहते हैं कि करिश्माई शक्ति हर छात्र के अंदर होती है। जो समय रहते अपनी इस अद्भुत प्रतिभा को पहचान लेते हैं, उनके जीवन में एक नहीं अनेक चमत्कार होने लगते हैं।

जैसा कि पहले भी बताया जा चुका है कि प्रथम स्थान पाने का हक किसी एक खास वर्ग विशेष को नहीं है, बल्कि सभी को है। इसलिये जो भी छात्र अपना समय, मेहनत, लगन अपनी पढ़ाई के लिए शत–प्रतिशत देने को तैयार है, वही इसका सच्चा हकदार बन सकता है। सफलता पाने के लिये स्कूल–कॉलेज़ में पहले दिन से पढ़ाए गये हर प्रकार के अध्ययन से जुड़ी जानकारियों को एक धार्मिक ग्रंथ समझकर पढ़ना होगा। हर प्रकार के नोट्स को बहुत ही तरीके से संभालकर इस प्रकार रखना चाहिए कि परीक्षा के दौरान जब उन्हें दोहराने की जरूरत पड़े तो उस समय हमें इधर–उधर हाथ–पैर न मारने पड़े।

परीक्षा के दौरान सबसे बड़ी परेशानी, जो आम छात्रों को झेलनी पड़ती है, वह है एक ही अध्याय को बार–बार पढ़ना। पहली बार तो किसी भी चीज़ को पढ़ा जाये तो अच्छा लगता है। दूसरी बार पढ़ते ही हमारी रुचि उस विषय में कम होने लगती है। तीसरी और चौथी बार इसी विषय को पढ़ना तो और उबाऊ लगने लगता है। अब अध्याय तो वही है फिर जब पहली बार पढ़ने में मज़ा आया तो बाद में क्यों नहीं, क्योंकि दूसरी बार यही विषय हमें पुराना लगने लगता है।

इस तरह की बातों को लेकर कुशल और होशियार छात्र कभी भी पढ़ाई के दौरान अपने मन में नकारात्मक विचार नहीं आने देते। वे इस बात से कभी

नहीं घबराते कि कोई एक खास प्रश्न हल कर पाऊंगा या नहीं। वे पढ़ाई को किसी फैशन या कपड़ों की तरह नहीं लेते कि अपनी मनमर्जी से एक दिन कुछ पढ़ लिया और अगले दिन कुछ और।

अधिकतर छात्रों का मानना है कि टॉपर बनना कोई साधारण काम नहीं है। यह बात तो हर कोई जानता है कि असाधारण काम कभी भी साधारण तरीके से नहीं किये जा सकते। शिखर की बुलंदियों को छूने वाले जानते हैं कि यदि हमें बाकी विद्यार्थियों से कुछ अलग करके दिखाना है तो कुछ समय के लिय मौज–मस्ती को भुलाना होगा। जो विद्यार्थी अपना बहुमूल्य समय पुस्तकों को समर्पित करते हैं, उन्हें यही पुस्तकें उनके लक्ष्य तक पहुंचा देती हैं।

साल के शुरू में जब हम पढ़ाई करना शुरू करते हैं तो एक बार तो हमारे मन में यह जरूर आता है कि क्या मैं सच में सफल हो पाऊंगा, लेकिन जैसे ही हम इस राह पर सकारात्मक सोच के साथ अपना पहला कदम बढ़ाते है तो हर किसी का सहयोग मिलना शुरू हो जाता है। हमारी पढ़ाई–लिखाई ही हमें दुनिया को देखने और समझने का मौका देती है। ज्ञान ही हमारे जीवन को निखारता है।

परीक्षा चाहे किसी भी स्तर की हो, हमारी भाषा और भाव दोनों का एक जैसा महत्त्व होता हैं। किसी भी परीक्षा में सफलता पाने से पहले हमें अपने दिलो–दिमाग पर विजय पाना आवश्यक होता है। सफलता कभी भी किसी के पास चलकर नहीं आती, हमें ही उसे ढूंढकर उस तक पहुंचना पड़ता हैं। ठीक उसी तरह जिस प्रकार भगवान ने हर पक्षी के लिये खाना तो दिया है लेकिन उसके घोंसले में नहीं।

सफल होने के लिये एक बात का और ध्यान रखना जरूरी है कि जब तक हमारे किये हुए काम की आलोचना नहीं होगी, उस समय तक न तो हमें अपनी कमियों के बारे में ठीक से मालूम हो पायेगा और न ही हम उनमें सुधार कर पाएंगे। पढ़ाई करते समय हर छात्र को कई प्रकार की तकलीफों का सामना करना पड़ता है, लेकिन जो छात्र मन में दृढ़ संकल्प और कड़ी मेहनत से लक्ष्य प्राप्ति में जुट जाते हैं, उन्हें एक–न–एक दिन टॉपर बनने में सफलता जरूर मिलती है।

आजकल छात्रों के पास परीक्षा की तैयारी के जितने विकल्प मौजूद हैं उनसे किसी भी परीक्षा में पास होना कोई कठिन कार्य नहीं रह गया है, लेकिन आज की तारीख में सिर्फ परीक्षा पास करके काम नहीं चलता। अच्छे

अंक नहीं ला पाने वाले छात्रों की स्थिति तो कई बार फेल हुए विद्यार्थियों से भी बदतर हो जाती है। वह न तो आगे अच्छे कॉलेज में दाखिला ले पाते हैं और न ही कैरियर की शुरुआत कर सकते हैं।

वैसे तो हर काम के कुछ–न–कुछ नियम होते हैं, लेकिन पढ़ाई के क्षेत्र नियम के अलावा उन्हें गंभीरता से जीवन में अपनाने की भी आवश्यकता होती हैं। यदि कोई छात्र हाथ–पर–हाथ धरकर बैठा रहे और अपना हर काम सुनियोजित ढंग से नहीं करे तो फिर हर कदम पर सफलता की जगह अड़चनों का ही सामना करना होगा। नतीजतन हमारा बेशकीमती समय बर्बाद हो सकता है।

अब हम उन गुणों पर विचार करेंगे, जिससे टॉपर बनना मुमकिन हो सके। अनुभवी और विद्वान लोग पढ़ाई के क्षेत्र में सफलता प्राप्त करने के कुछ खास टिप्स बताते हैं। टॉपर वही छात्र बन सकते हैं, जो अपने लिये बड़े लक्ष्य निर्धारित करके लगन व पूरी क्षमता के साथ तैयारी करते हैं। ऐसे छात्रों को यह बात सदा अपने ध्यान में रखनी चाहिए कि पढ़ाई का समय किसी तपस्या से कम नहीं होता। लगातार रचनात्मक ज्ञान हासिल करना, आशावादी दृष्टिकोण, कड़ी मेहनत और समस्याओं से लड़ने की हिम्मत इस राह को सरल बना सकती है।

जैसा कि पहले भी कहा जा चुका है कि टॉपर तो हर छात्र बनना चाहता हैं, लेकिन यह बात बहुत कम छात्र जानते हैं कि सफलता की राह को आसान बनाने में हमारा सबसे अच्छा साथी समय होता है।

मेधावी छात्र जब भी किसी अध्याय को खुद पढ़ते हैं या क्लास में उनके अध्यापक पढ़ाते हैं तो वे मूलभूत आधार को समझने की पूरी कोशिश करते हैं। ऐसे छात्र हर अध्याय के छोटे–छोटे खण्डों को भी कभी अनदेखा नहीं करते। वे सामान्य छात्रों की तरह यह कभी नहीं सोचते कि यह सब हम पहले से ही जानते हैं। सफलता तभी मिलती है जब छात्र शिक्षक द्वारा बताई गई हर बात को अच्छी तरह से समझकर उसे अपनी कॉपी में साथ–साथ लिखते रहें। इससे परीक्षा के करीब आते ही इन विषयों को आसानी से दोहराया जा सके।

होशियार छात्रों को कक्षा में पढ़ाये गये हर विषय और हर अध्याय को बहुत ही ध्यान से पढ़ने और समझने की जरूरत होती है। आज किसी भी अध्यापक के लिये यह मुमकिन नहीं है कि वह हर छात्र के लिये एक ही विषय

को बार–बार दोहरा सके। जहां तक होमवर्क का संबंध है तो हमें यह सदा ही नियमित ढंग से करते रहना चाहिए। जो अपनी इस प्रकार की दिनचर्या नहीं बनाते, उन्हें बाद में पछताना पड़ता है।

कुछ छात्र ऐसा महसूस करते हैं कि इस तरह की छोटी–छोटी बातों को याद रखने से क्या फायदा। हमने तो मुख्य अध्याय को अच्छी तरह से याद कर लिया है। यही लापरवाही हमें कई बार बहुत महंगी पड़ जाती है। परीक्षा के दौरान इस कमी के चलते न तो हम प्रश्न पत्र में लिखे हुए सवाल को ठीक से समझ पाते हैं और न ही अपने सवाल का जवाब ठीक ढंग से दे पाते हैं। नतीजतन जितने अंक मिलने की हमें उम्मीद होती है, उतने अंक नहीं मिल पाते।

जहां तक गणित, विज्ञान या इसी तरह से जुड़े अन्य विषयों का प्रश्न है तो हमें इनको अच्छी तरह से समझने के लिये हर सवाल को खुद हल करना चाहिए। यदि हम अपनी किसी परेशानी का हल शिक्षक को समझाने के लिये कहते है तो वह तुरंत उसे हल कर हमें ठीक से जवाब बता देंगे। उस समय तो हमें यह सब बहुत आसान लगेगा, लेकिन जब हम अगले दिन उससे जुड़े प्रश्नों को हल करने की कोशिश करेंगे तो हमें दिन में ही तारे दिखाई देने लगेंगे, लेकिन एक बार जब हम खुद हर प्रश्न को हल करना सीख लेते हैं तो फिर हमसे दुबारा गलती होने की संभावना खत्म हो जाती है।

एक साधारण गलती, जो अधिकतर छात्र करते हैं, वह यह है कि हम हर विषय की पुस्तकें तो बहुत संभालकर रखते हैं, लेकिन उन्हीं पुस्तकों को पढ़कर बनाए गए नोट्स को संभालकर नहीं रखते। जरूरत इस बात की है कि हर विषय की पुस्तक की तरह सभी नोट्स भी संभालकर रखे जाएं। ऐसा करने से हमें जब भी आवश्यकता हो उन नोट्स को देख सकते हैं। एक बार कोर्स पूरा पढ़ लेने के बाद परीक्षा से पहले हर विषय के अध्याय को दोहराना बहुत जरूरी होता है, क्योंकि जो अध्याय आज से छह महीने पहले पढ़ा था, जरूरी नहीं कि वह हमें आज भी याद हो।

जो छात्र–छात्राएं अपने स्कूल के अलावा कोचिंग सेंटर में भी परीक्षा की तैयारी करते हैं, उन्हें चाहिए कि सारे वर्ष के पाठ्यक्रम से जुड़े हर प्रकार की सामग्री को बहुत ही सुव्यवस्थित ढंग से रखें। जब परीक्षा करीब आने लगती है और उस समय यदि सब कुछ हमें समय पर नहीं मिलता तो हम तनाव में आ जाते हैं।

कई बार कक्षा में ऐसा अध्याय पढ़ाया जाता है जो हमें शुरू से ही समझ नहीं आता। धीरे–धीरे हमारी उस विषय में रुचि नहीं रहती, लेकिन इससे हमारी समस्या का हल नहीं होता। जो विषय हमें शुरू से ही अच्छा नहीं लग रहा, उसको पूरी रुचि के साथ कैसे पढ़ा जा सकता है, इसका सीधा हल यह है कि जब तक हम किसी भी चीज़ से डरते रहेंगे, वह हमें और अधिक डराती रहेगी। सबसे पहले हमें अपनी सोच को बदलकर यह समझना होगा कि हमें जो विषय ठीक से समझ नहीं आ रहा, उसके प्रति दिल से लगाव पैदा किया जाए।

कुछ सिद्धांत और फार्मूले हमें तभी तक याद रहते हैं, जब तक हम लगातार अभ्यास करते रहते हैं। जैसे ही हम कुछ समय के लिये यह अभ्यास बंद कर देते हैं, हमारे दिमाग से वे मूलभूत बातें गायब होने लगती हैं। इस अध्याय में हम वे सभी बातें नहीं दोहराना चाहते, जो सभी छात्र अच्छी तरह से जानते हैं।

अब हम उन गुणों के बारे में बात करेंगे, जिनके फलस्वरूप सफलता की सीढ़ियां आसानी से चढ़ी जा सकती हैं। इन सभी गुणों पर कोई भी छात्र यदि गंभीरता से अनुकरण करना शुरू कर दे तो टॉपर बनना कोई कठिन कार्य नहीं रह जाता।

अब अगर हम परीक्षा में टॉप करने की सोच रखते हैं, तो सिर्फ जानकारी मात्र रखने से काम नहीं चलेगा। हमें हर विषय के सभी अध्यायों को पूरी गहराई से समझना भी होगा। इस अध्याय को पढ़ने के साथ यदि हम टॉपर बनने वालों के निम्नलिखित गुण भी अपना लें, तो टॉपर बनने के ख्वाब को आसानी से हक़ीक़त में बदला जा सकता है।

- टॉपर बनने के लिये गति से अधिक दिशा महत्त्वपूर्ण होती है।
- वही छात्र टॉपर बन सकते हैं जो आशा धूमिल होते हुए भी प्रयास जारी रखते हैं। जिन्हें यह विश्वास होता है कि वे सफल होंगे।
- गलतियां तो हर कोई ढूंढ लेता है, यदि टॉपर बनना चाहते हैं तो समस्याओं का हल ढूंढना सीखो।
- टॉपर बनना उस समय तक नामुमकिन लगता है, जब तक हम उसे मुमकिन बनाने के प्रयास शुरू नहीं कर देते।
- असफलता का भय सफलता के रास्ते की सबसे प्रमुख रुकावट होती है।

8. सकारात्मक दृष्टिकोण

सकारात्मक दृष्टिकोण के बारे में जानने से पहले क्यों न यह समझ लिया जाए कि इसका छात्रों के जीवन पर क्या प्रभाव होता है? इसके साथ ही इसके मायने और अहमियत को समझने की भी कोशिश करते हैं। विद्वान लोगों की बात पर गौर किया जाए तो यह बात झट से समझ आ जाएगी कि असल में सफल इंसान वह नहीं है जिसने बहुत पढ़ाई–लिखाई की है। सबसे सफल व्यक्ति वह है, जिसका हर प्रकार के हालात में दृष्टिकोण सकारात्मक रहता है। जब हमारा मन, बुद्धि और चित्त एक हो जाते हैं तो उस अवस्था को सकारात्मक दृष्टिकोण कहते हैं। हर क्षेत्र में सफल होने वाले छात्र यह जानते हैं कि बिना सकारात्मक सोच के जीवन में कुछ भी हासिल नहीं किया जा सकता। सकारात्मक सोच एक ओर जहां हमें हमेशा प्रगति की ओर ले जाती है, वहीं लक्ष्य प्राप्ति में यह बहुत मददगार होती है।

अब ध्यान देने वाली बात यह है कि सकारात्मक दृष्टिकोण हमारी पढ़ाई–लिखाई में क्या भूमिका अदा कर सकता है? पढ़ाई करने का सबसे अधिक लाभ कोई भी छात्र उस समय उठा सकता है जब वह पढ़ते समय अपने मन व दिमाग से हर प्रकार की शंकाओं को निकाल दे। साथ ही डरकर हार मानने की बजाय अपने मन में यह विश्वास पैदा कर ले कि वह इस विषय को न केवल पढ़ सकता है, बल्कि खुद अच्छी तरह से समझकर दूसरों को भी समझा सकता है। जैसे ही हमारे मन में यह सकारात्मकता पैदा होगी उसके साथ हमारे अंदर एक नया जोश, एक नई ऊर्जा हमारा साथ देने लगती है।

सही दृष्टिकोण रखने वाले छात्र बड़ी ही दृढ़ता और विश्वास के साथ जीवन जीते हैं। उन्हें जितना विश्वास अपने आप में होता है, उतना ही आने वाले कल में भी होता है। इसलिये वे सदा कामयाबी और सफलता की बात

करते हैं। वे कभी हार के बारे में नहीं सोचते। ऐसी सोच रखने वाले छात्रों का चाहे कोई भी सपना हो, उनके जीवन की कोई भी योजना हो, वे उसके परिणाम से कभी नहीं घबराते। उन्हें यह मालूम है कि यदि उनके पास सकारात्मक सोच है तो वह आसमान भी सहजता से छू सकते हैं। किसी भी प्रकार की परीक्षा की तैयारी करने वाले छात्र को यह कभी नहीं भूलना चाहिए कि हर सफलता का आधार सकारात्मक दृष्टिकोण से ही मुमकिन होता है और उससे ही मंजिल तक पहुंचा जा सकता है।

यही सोच हमारी सफलता की राह सरल बनाती है। इसलिये शायद सकारात्मक दृष्टिकोण को सफलता का मंत्र भी कहा जाता है। यह बात सिर्फ कहने मात्र के लिये नहीं है, बल्कि पूरे दावे से इसलिये लिखी जा रही है कि अधिकतर महान हस्तियों के जीवन में इसी तरह के पल एक बार नहीं, कई बार आए। उन्होंने भी अपने जीवन में अनेक बार यह सोचा कि जिस महान कार्य को वे अंजाम देना चाहते हैं, असल में वह मुमकिन नहीं है। उनके आंतरिक जोश और आत्मविश्वास ने उन लोगों की सफलता की बदौलत उनका नाम इतिहास में दर्ज करवा दिया।

बहुत सारे छात्र अकसर यह सोचते हैं कि हमारे अध्यापक हमें सकारात्मक दृष्टिकोण के बारे में जितनी आसानी से सब कुछ बताते हैं, असल जीवन में अगर उन्हें हमारी परिस्थितियों का सामना करना पड़े तो उनकी भी सोच नकारात्मक हो जाएगी। इस तथ्य से इंकार नहीं किया जा सकता कि आज हर तरफ निराशा का माहौल है। ऐसे में छात्रों पर पढ़ाई का दबाव उनके मन में और अधिक नकारात्मक विचारों की बढ़ोतरी करते हैं।

यह ख्याल चाहे किसी भी छात्र का हो, लेकिन इसमें बहुत बड़ी सच्चाई छिपी हुई है। छात्र जीवन में ही क्यों, हम रोजमर्रा की ज़िंदगी में यह आमतौर पर अनुभव करते हैं कि जरा–सी अनहोनी की शंका एक पल में हमारे मन में सैकड़ों नकारात्मक विचारों को जन्म दे देती है। छात्रों को पढ़ाई करते समय सिर्फ इतना करना है कि अपने मन से हर प्रकार की चिंता को दूर रखें। जब तक हम पूर्ण आत्मविश्वास और सफल होने की आशा के साथ पढ़ाई नहीं करते तो हमारी सारी मेहनत बेकार हो सकती है।

शोधकर्ता तो यहां तक बताते हैं कि एक साधारण छात्र के मन में एक दिन में कई हज़ार नकारात्मक विचार उठते हैं, लेकिन महान हस्तियों की

तरह सपने देखने वाले छात्र इन सभी को सकारात्मक रूप देने की शक्ति रखते हैं।

यह सच है कि पढ़ाई करते समय हमें हर कदम पर किसी–न–किसी समस्या का सामना करना पड़ता है, लेकिन ऐसी परिस्थितियों से घबराने की बजाय हमें यह सोचना चाहिए कि जिस प्रकार हर ताला बनाने से पहले उसकी चाबी बनाई जाती है। ठीक उसी तरह हर समस्या का कोई–न–कोई हल भी जरूर होता है। हमें अपने सकारात्मक दृष्टिकोण से उस चाबी रूपी हल को ढूंढकर सदा के लिये अपने पास रखना है।

हम अकसर अपने घरों में देखते हैं कि जब हमें पानी नीचे से ऊपर की ओर ले जाना होता है तो हमें उसके लिये बहुत सारे प्रयास करने पड़ते हैं। लेकिन यदि पानी को कितनी भी ऊंचाई से नीचे गिराना हो तो बिना कोई मेहनत किये यह कार्य आसानी से हो जाता है। बिलकुल इसी फार्मूले को ध्यान में रखते हुए हम दृष्टिकोण के बारे में जान सकते हैं कि सकारात्मक विचारों को अपनाने के लिये थोड़ा तो अधिक परिश्रम करना ही पड़ेगा।

नकारात्मक विचारों को सकारात्मक दृष्टिकोण में बदलने के लिये हमें यह भी देखना होगा कि कौन–कौन से नकारात्मक विचार किस कारण से हमारे मन में आ रहे हैं। इससे पहले कि वे अपनी जड़ें हमारे दिलो–दिमाग में जमा लें, हमें उन कमियों, गलतियों पर ध्यान केन्द्रित करते हुए उन्हें जड़ से उखाड़कर फेंकना होगा। इस विधि को अभ्यास में लाने से हम आसानी से अपना दृष्टिकोण सकारात्मक बना सकते हैं। इसके बाद तो किसी भी छात्र को यह कहने की जरूरत नहीं पड़ेगी कि मैं टॉपर नहीं बन सकता।

आजकल के मेधावी और होशियार छात्र इस बात को अच्छे से समझते हैं कि पढ़ाई में कुछ भी अच्छा या बुरा नहीं होता। सिर्फ हमारी रुचि और नज़रिया ही किसी विषय को अच्छा या बुरा बना देता है। किसी भी विषय के बारे में हर छात्र की अलग–अलग राय हो सकती है। पढ़ाई के साथ–साथ हम अपने रोजमर्रा के जीवन में भी देखें तो हर चीज़ में अच्छे गुण के साथ कोई–न–कोई कमी भी जरूर होती है।

अगर कोई विद्यार्थी केवल एक विषय के नकारात्मक रुख के भंवर में फंस जाए तो उसके लिये आगे बढ़ना मुश्किल हो जाता है। पढ़ाई करते समय यदि कभी किसी कठिनाई से सामना हो भी जाए तो हमें यह मानकर चलना चाहिए

कि यह हमारे लिये परीक्षा की घड़ी है। उस समय हालात में कमियां ढूंढने की बजाय हमें अपना दृष्टिकोण सकारात्मक रखना चाहिए। सकारात्मक विचारों से ही मानसिक तनाव को कम करने के साथ परेशानियों को दूर किया जा सकता है। यदि किसी छात्र का कोई एक पेपर ठीक नहीं भी हुआ तो भी उसे धीरज रखना चाहिए कि सिर्फ एक पेपर से हमारा भविष्य खत्म होने वाला नहीं है। ज़िंदगी बहुत बड़ी है। हर छात्र को अपना दृष्टिकोण इस तरह से रखना चाहिए कि आने वाले समय में हम इससे भी बेहतर प्रदर्शन कर इस कमी को पूरा कर लेंगे।

शोधकर्ता बताते हैं कि जिन छात्रों के दिमाग में एक बार नकारात्मक विचार घर कर लेते हैं, वे अपनी 95 प्रतिशत तक क्षमता को रचनात्मक कार्यों में नहीं लगा पाते। इस एक तथ्य से हम अंदाजा लगा सकते हैं कि नकारात्मक विचार हमारे कितने बड़े दुश्मन होते हैं। इसलिये तेजी से आगे बढ़ने वाले छात्र हमेशा सकारात्मक दृष्टिकोण को प्राथमिकता देते हैं। नतीजतन ऐसे छात्र हर परिस्थिति में संतुलन बनाते हुए आगे तो बढ़ते ही हैं, साथ ही उन्हें हर किसी में केवल अच्छे गुण ही दिखाई देते हैं।

परीक्षा में शीर्ष स्थान पाने वाले तो सिर्फ इस बात को मानते हैं कि अपने विचारों को सकारात्मक बनाओ तो हमारी पढ़ाई–लिखाई का परिणाम आशावादी बन जाता है। हम जिस नतीज़े की उम्मीद रखते हैं, यदि एक बार हम उसमें लगन से जुट जाएं तो वह अवश्य पूरा होगा। यह बात वे इस दावे से कहते हैं कि हमारे साहस में ऐसी जादू भरी प्रतिभा है, जो हमारे कर्मों और चरित्र को बदलने की शक्ति रखती है। यही सोच हमें दूसरे छात्रों से अलग करते हुए टॉपर बना सकती है।

इन सभी मुद्दों को जानने के बाद एक प्रश्न उठता है कि सकारात्मक दृष्टिकोण को बढ़ाया कैसे जाए? इसके लिये सबसे पहले हमें यह समझना होगा कि हम अपने सिवाय न तो किसी दूसरे व्यक्ति पर और न ही परिस्थितियों पर कोई काबू रख सकते हैं। हम सिर्फ अपनी क्षमता और सोच के मुताबिक उनसे मुकाबला करने का कोई तरीका ढूंढ सकते हैं। कामयाबी की राह पर चलने वाले इस बात में विश्वास रखते हैं कि सकारात्मक दृष्टिकोण से हमारे अंदर रचनात्मक विचार तो उत्पन्न होते ही हैं, साथ ही परीक्षा की मुश्किल घड़ी में तेजी से निर्णय लेने की क्षमता भी बढ़ती है।

एक छोटी मिसाल से हम इस बात को अच्छी तरह से जानने का प्रयास करते हैं। मान लो कि हमारे घर के बाहर बहुत तेज बरसात हो रही है। हम बरसात को तो नहीं रोक सकते, लेकिन यदि हमें किसी जरूरी काम से बाहर जाना है तो हम छाता लेकर अपना काम आसानी से कर सकते हैं। जब छाता हमारे पास होगा तो उस समय बरसात से हमें कोई नुकसान नहीं होगा और काम भी हो जायेगा।

हम जिन समस्याओं के हल की तलाश इधर–उधर करते हैं, वह असल में सब कुछ हमारे पास ही होते हैं, लेकिन हम उन्हें अपने अंदर न खोजकर बाहर भटकते रहते हैं। जन्म, मृत्यु, कष्ट एवं बीमारियों को छोड़कर सभी दुख हमारी अपनी मनोदशा के कारण होते हैं। जब हम अपनी कमजोरियों को पहचानना शुरू कर देंगे, तब हमारा दृष्टिकोण पूरी तरह से सकारात्मक हो जाएगा। सकारात्मक सोच रखते हुए हमें अपनी उन्नति का प्रयत्न करते रहना चाहिए।

छात्रों के लिये यह भी जरूरी होता है कि अपने लक्ष्य की प्राप्ति के लिए खुद पर पूर्ण विश्वास रखें, जिससे आप सभी अपनी ऊर्जा और रचनात्मक विचारों को सही दिशा दे सकें। कभी भी हालात से डरकर स्वयं को पतन की ओर नहीं ध ाकेलना चाहिए। हमारा नजरिया ही हमारा मित्र है और वही शत्रु भी होता है। जब तक हम अपना दृष्टिकोण नहीं बदलते, उस समय तक हम कुछ भी अपने अंदर सकारात्मक बदलाव नहीं कर सकते। आशावादी सोच ही सफलता की पहली सीढ़ी होती है। आधे–अधूरे मन से पढ़ाई करने की बजाय जिन छात्रों का दृष्टिकोण सदा सकारात्मक होता है, वे हमेशा बाजी मार जाते हैं।

हर छात्र यदि चाहे तो अपने लक्ष्य को आसानी से पा सकता है। प्रत्येक व्यक्ति के अंदर ऊर्जा का अटूट खज़ाना होता है। परीक्षा चाहे जैसी भी हो, लेकिन सकारात्मक सोच वाले छात्र सभी बाधाओं को दूर करते हुए अपने लक्ष्य को हासिल कर लेते हैं। जहां तक परीक्षा में टॉपर बनने की बात है, तो उसके लिये सिर्फ इतना ही कहा जा सकता है कि दुनिया को अकसर वे लोग बदल देते हैं, जिन्हें दुनिया कुछ भी करने के लायक नहीं समझती।

इसी तरह पढ़ाई तो सभी छात्र करते हैं, लेकिन अव्वल वही होता है जिसका अंदाज सबसे अलग होता है। किसी ने सच ही कहा है कि मन के हारे हार है, मन के जीते जीत। अब इसके बाद यदि हम अपना लक्ष्य तय

करके पूरी लगन से उसमें जुट जाते हैं तो फिर हमारा सकारात्मक दृष्टिकोण हमें हर क्षेत्र में सफलता दिला सकता है। यदि हम खुद अपने दृष्टिकोण को बदलने की कोशिश नहीं करते तो फिर दूसरा कोई व्यक्ति हमारी इस आदत को कैसे बदल सकता है। इस बारे में तो सिर्फ इतना ही कहा जा सकता है कि 'नज़रिया बदलने से नज़ारे बदल जाते हैं, दिशा बदलने से किनारे बदल जाते हैं'। टॉपर के संबंध में यह राज तो सच में बहुमूल्य है, फिर क्यों न इन्हें अपनाकर हम भी सफलता की सीढ़ियां चढ़ने का प्रयास करें।

- हमेशा खुश और उत्साहित रहने वाले छात्रों से ही दोस्ती रखनी चाहिए।
- यदि हम किसी भी परीक्षा में टॉपर बनना चाहते हैं तो सबसे पहले हमें अपनी सोच को सकारात्मक बनाना होगा।
- सफल और असफल छात्रों में बहुत थोड़ा–सा अंतर होता है और यह अंतर सिर्फ सकारात्मक दृष्टिकोण का होता है।
- जीवन में कोई भी अच्छा बदलाव हम से ही शुरू होता है लेकिन यह तभी शुरू होता है, जब हम खुद को बदलने का प्रयास शुरू करते हैं।
- शीर्ष स्थान तक पहुंचने वाली सीढ़ी की चौड़ाई बहुत कम होती है, इसलिए उस पर सभी छात्र एक साथ नहीं चढ़ पाते।
- आज तक कोई भी छात्र आसानी से टॉपर नहीं बन सका, क्योंकि टॉपर बनने का रास्ता बेहद चुनौतियां भरा होता है।
- हड़बड़ी एक ऐसी बीमारी की तरह होती है जिसमें छात्र एक के बाद एक बड़ी गलती करते रहते हैं। फिर ऐसे हालात बन जाते हैं कि हर कदम पर उनके अपने ही उनका मज़ाक उड़ाने लगते हैं।

9. सफलता का मंत्र

हमने जो सपना देखा है, उसे पूरा करने के लिये रास्ता बनाना पड़ेगा। जिस रास्ते पर पहले से ही हर कोई चल रहा है, अगर हम भी उसी रास्ते पर चलने लगेंगे तो फिर सिर्फ भीड़ का हिस्सा बनकर रह जाएंगे। हम चाहकर भी अपनी कोई अलग पहचान नहीं बना पाएंगे। सभी जानते हैं कि सफलता के लिये मेहनत और प्रयास जरूरी होते हैं, लेकिन उससे भी अधिक जरूरी यह होता है कि प्रयास किस तरह से और किस दिशा में किये जाएं। जो इस तकनीक को समझ लेते हैं, वे साधारण छात्रों से कम समय में पढ़ाई करके भी अधिक सफल हो जाते हैं। कुछ नकारात्मक सोच रखने वाले यह बहस भी करते हैं कि जंगल का राजा शेर एक दिन में 20 घंटे सोता है। अगर मेहनत ही सफलता की कुंजी होती तो फिर गधे को जंगल का राजा होना चाहिए।

ऐसे लोगों को यह बात कहने से पहले इतना तो सोचना चाहिए कि यहां बात जानवरों की नहीं, इंसानों की हो रही है। जानवर तो हजारों साल पहले भी जिस तरह जीते थे, आज भी उसी तरह जी रहे हैं। गाय हजारों साल पहले भी घास खाती थी, शेर उस जमाने में भी मांस खाता था, आज भी वही सब कुछ कर रहे हैं, लेकिन कल तक जो इंसान जंगल में रहता था, वह आज अपने ज्ञान और बुद्धि के बल पर चांद और मंगल ग्रह तक दुनिया बसाने की बात कर रहा है। इसे ही सफलता का करिश्मा कहा जाता है।

हम चाहे किसी भी स्तर की पढ़ाई कर रहे हों, लेकिन हम सभी के मन में एक ही लालसा होती है– जब भी परीक्षा का नतीजा आए तो हम प्रथम स्थान पाकर सभी परिजनों को प्रभावित कर सकें। इस ख्वाब को जब खुली आंखों से देखने की कोशिश करते हैं तो हमें अपने आसपास अनेक ऐसे प्रतियोगी दिखाई देते हैं, जो इस दौड़ में शामिल होने के लिये तैयार खड़े

हैं। ऐसे में विचार करने वाली बात यह है कि सफलता क्या सिर्फ अच्छी किस्मत वालों को ही मिलती है। यदि नहीं, तो आखिर सफलता को कैसे पाया जा सकता है?

कई छात्र टॉपर बनने के लिये थोड़ा–बहुत प्रयास करने के साथ ही यह उम्मीद करते हैं कि हम टॉपर बन जाएं। ऐसे छात्रों ने क्या एक बार भी यह सोचा है कि आखिर अभी हमने इस दिशा में क्या काम किया है? 2–3 घंटे पढ़ाई करने से यह उम्मीद करना कि हमने बहुत कुछ कर लिया है, इसे हम अक्लमंदी तो नहीं कह सकते। इतनी पढ़ाई तो सामान्य छात्र आमतौर पर करते ही रहते हैं।

क्या हमने कभी सोचा है कि इतनी पढ़ाई का मोल ही कितना हो सकता है? एक मजदूर सारा दिन मेहनत मजदूरी करता है तो शाम को बड़ी मुश्किल से 100 रुपये कमा पाता है। हम 2–3 घंटे पढ़ने के बाद यह आशा करने लगते हैं कि अपने स्कूल–कॉलेज के हीरो बन जाएं।

हमारे शिक्षक बार–बार समझाते हैं कि हमें लगातार प्रयास करते रहना चाहिए। हम सभी यह जानते हैं कि टॉपर बनने के मुकाबले अभी हमने मेहनत ही कितनी की है। अभी तो हमने उतनी कोशिश भी नहीं की, जितनी कि सुबह उठने पर मोबाइल न मिले तो उसे ढूंढने के लिये करते हैं। अगर हमारा पर्स खो जाए तो उसे ढूंढने के लिये भागते हैं, वैसी कोई कोशिश ही नहीं की।

सफलता पाने के संबंध में हर कोई अलग–अलग विचार रखता है। एक बार एक पत्रकार ने नेता जी से पूछा कि सर, आपकी सफलता का क्या राज़ है? नेता जी ने तुरंत जवाब दिया कि सही समय पर सही निर्णय लेने से ही सफलता पाई जा सकती है। उस पत्रकार ने कहा कि जरा यह भी बता दो कि आप सही निर्णय कैसे लेते हैं? नेता जी मुस्कराते हुए बोले कि यह सब इतना आसान नहीं है, इसके लिये बहुत अनुभव की जरूरत होती है। अब उस रिपोर्टर ने हैरान होते हुए पूछा कि अनुभव कैसे मिलता हैं। इस बार नेता जी को कहना पड़ा–'गलत निर्णयों से'।

यह सच है कि हर छात्र से आए दिन कोई–न–कोई गलती होती ही रहती हैं। यदि आप सफल होना चाहते हैं तो कभी एक गलती दोबारा नहीं होनी चाहिए। यदि हम एक ही गलती को दोबारा करते हैं तो उसकी बहुत बड़ी कीमत चुकानी पड़ती है। सफलता को सकारात्मक नजरिये से देखा जाए

तो एक रेखा दिखाई देती है। यही रेखा सफलता और असफलता के बीच लक्ष्मण रेखा की तरह काम करती है।

सफलता सिर्फ उन्हीं छात्रों को मिलती है, जिनमें चुनौतियों का सामना करने की ताकत होती है। सोना तभी निखरता है, जब उसे आग में तपाया जाता है। इतना ही नहीं, उसी सोने के अनमोल गहने भी तभी बन पाते हैं, जब उस पर सुनार की अनगिनत चोट पड़ती है। किसी हीरे की उस समय तक कद्र नहीं होती, जब तक उसे जौहरी के हाथ अच्छी तरह से नहीं तराशते। एक साधारण–सा पत्थर भी मूर्तिकार की चोटें खाकर भगवान का रूप लेने में कामयाब हो जाता है। हम तो आखिर इंसान हैं, जब तक हम भी अपने गुणों का विकास करके उन्हें नहीं निखारते, उस समय तक सफलता की उम्मीद करना भी हमारे लिये गलत होगा।

किसी भी परीक्षा में सफल होने वाले छात्र के सामने चाहे कितनी भी अड़चनें क्यों न आएं, वह कभी भी आशा का साथ नहीं छोड़ता। वह इस बात को समझता है कि आशा ही एकमात्र ऐसा रास्ता है, जो हमें जीवन–भर गतिशील बनाए रख सकता है। यदि हम किसी कारण से अपनी पढ़ाई या अन्य किसी कार्य को बीच में ही छोड़ देंगे तो हमें सफलता कैसे मिल सकती है। कोई भी छात्र जब तक लगातार अपने लक्ष्य की ओर कदम नहीं बढ़ाता, वह अपनी मंजिल तक नहीं पहुंच पाएगा। इसलिये शायद सफल होने वाले कहते हैं कि 'मुझे कुछ करना चाहिए', हारने वाले कहते हैं कि 'कुछ होना चाहिए'। सफलता की शुरुआत सदा हमारे अपने दिमाग से ही होती है, इसलिये कामयाबी सिर्फ हमें अपने अच्छे रचनात्मक विचारों से ही मिल सकती है।

कई छात्र जीवन में असफल इसलिये होते हैं, क्योंकि वे हर अवसर को गंभीरता से नहीं लेते। जब वे हर मौके को गंभीरता से लेने लगते हैं तो उनकी कार्यशैली में अद्‌भुत परिवर्तन होने लगता है। इससे सफलता की राह सरल हो जाती है। आप जो भी चाहे कर सकते हैं, आप चाहें तो अपनी ज़िंदगी, सोच और सपने को साकार कर सकते हैं, क्योंकि आप के अंदर यह सब कुछ करने की ताकत है। ज़िंदगी उन्हीं को इनाम देती है, जो स्वयं पर यकीन रखते हुए अपने कार्य पूरी लगन से करते हैं।

सफलता के अनेक मंत्रों के साथ यह भी आवश्यक है कि हम समय–समय पर खुद को आंकते और परखते रहें। इसलिये हमें किसी के सहारे की जरूरत

नहीं होती, बल्कि खुद अकेले बैठकर हम अपनी पढ़ाई और परीक्षा से जुड़ी तैयारियों का अधिक अच्छे से अवलोकन कर सकते हैं, लेकिन कई छात्र इस अभ्यास को करने से इसलिये डरते हैं कि कहीं उनकी कोई असफलता उनके सामने न आ जाए। सच्चाई तो यही है कि सफलता की बजाय असफलता हमें अधिक सीखने का मौका देती है। असफलता के बाद हम अपना मूल्यांकन कर पाते हैं। लगातार मिल रही असफलताओं से कभी किसी छात्र को निराश नहीं होना चाहिए। कभी–कभी गुच्छे की आखिरी चाबी ही हमारी किस्मत का ताला खोल देती है।

आपने अगर एक बार सफल होने का मन अच्छे से बना लिया है, तो आप किसी भी परीक्षा में प्रथम स्थान पा सकते हैं। इसके लिये आपको बस इतना करना है कि समय–समय पर अपने हुनर को बढ़ाते और निखारते रहें। कुछ छात्रों को यह काम थोड़ा कठिन लगता है, लेकिन जिस किसी ने ठान लिया, उसे हर हाल में सफलता जरूर मिल ही जाती है। इसी तरह कामयाब और टॉपर बनने के लिये हमारे जीवन में पढ़ाई, मेहनत के साथ–साथ नम्रता का होना भी जरूरी है। चलो, फिर टॉपर बनने के लिये इसी नियम का अनुसरण करते हुए क्यों न निम्नलिखित विचारों को अपने जीवन में भी उतार लिया जाए।

- कोई भी छात्र अपनी मेहनत और कर्मों से टॉपर बन सकता है।
- बिना उत्साह के कभी भी कुछ महान हासिल नहीं किया जा सकता।
- सफलता के लिये सबसे जरूरी है सकारात्मक सोच और बुलंद हौसला।
- सफलता किसी प्रकार की होशियारी से नहीं, केवल समर्पण से मिलती है।
- बुद्धिमान छात्र मुसीबतों को देखकर घबराते नहीं, बल्कि उनका सामना करने के लिये हर समय तैयार रहते हैं।
- भविष्य कितना भी सुंदर क्यों न हो, उस पर कभी विश्वास मत करो, भूतकाल को भी भूल जाओ, क्योंकि वह बीत चुका है। अब जो कुछ तुम करना चाहते हो, वह सिर्फ अपने ऊपर विश्वास रखते हुए वर्तमान में ही करो।

10. समय प्रबंधन

आधुनिक पीढ़ी के छात्र, जो मोबाइल फोन और इंटरनेट का इस्तेमाल करते हुए एक–एक सेकेंड का हिसाब रखना जानते हैं, वे मानसिक तौर पर इतनी तरक्की कर चुके हैं कि समय प्रबंधन के महत्त्व को बखूबी समझते हैं। उन्हें पूर्णतः ज्ञात है कि हमारे जीवन का एक–एक पल बेशकीमती है। फिर भी समय प्रबंधन के सही मायने जानने के लिये हम इसकी परिभाषा को समझने की कोशिश करते हैं। 'भिन्न–भिन्न कार्यों को करने के लिये लगाए गए समय और उनको करने के क्रम को सोच–विचार कर व्यवस्थित करना ही समय प्रबंधन कहलाता है।' इसको अपनाने से जहां हम अपनी पढ़ाई का सारा कोर्स समय पर पूरा कर पाते हैं उसके साथ ही हमारे नतीजे़ भी अपेक्षाकृत अच्छे आ पाते हैं।

जिस प्रकार किसी भी चीज़ को देखने का हर किसी का एक अलग नज़रिया होता है, उसी प्रकार समय को देखने, परखने और इस्तेमाल का नज़रिया हैं। समय प्रबंधन का अधिक–से–अधिक लाभ तभी ले पाएंगे, जब आप इसे पढ़ते समय बार–बार घड़ी की ओर नहीं देखेंगे। ज्ञानी लोग कहते हैं कि घड़ी की ओर बार–बार वही छात्र देखते हैं, जिनके पास पढ़ने के लिये कुछ नहीं होता। जो छात्र पढ़ाई को गंभीरता से लेते हैं, वे जब एक बार पुस्तक को पकड़ते हैं तो उन्हें मालूम ही नहीं पड़ता कि कब 2–3 घंटे का समय गुज़र गया।

छात्रों के जीवन में हर क्षण का एक मोल होता है। जीवन का प्रत्येक क्षण मूल्यवान है, हर क्षण की कीमत है, जो उनके विकास में उन्हें नये–नये अवसर प्रदान कर सकता है। जीवन का एक–एक क्षण, एक–एक घड़ी जो व्यतीत हो रही है, वह दोबारा नहीं पाई जा सकती। यह जानते हुए भी कुछ छात्र जाने–अनजाने में इसका बहुत दुरुपयोग भी करते हैं, लेकिन बुद्धिमान छात्र अपने समय का बहुत सोच–समझकर उपयोग करते हैं।

किसी भी परीक्षा में टॉप करने के लिये हमें यह जानना होगा कि ज्ञान के साथ–साथ समय का भी अपना बहुत महत्त्व होता है। पहले दिन से जो छात्र यह मन बना लेते हैं कि उन्हें अपने स्कूल–कॉलेज में टॉप करना है तो वे बाकी सभी कार्यों को छोड़कर समय प्रबंधन पर गहन विचार करते हैं। उन्हें यह मालूम है कि बीता हुआ पल किसी कीमत पर वापस नहीं आ सकता।

समय को लेकर बहुत से छात्रों के मन में यह सवाल उठता रहता है कि आखिर कितनी देर तक पढ़ाई की जाए ताकि हम भी टॉपर बन सकें। ऐसे छात्रों को चाहिए कि वह खुद अपने से यह पूछें कि उनके घर में जब समाचार पत्र आता है तो कोई सदस्य उसे 10–15 मिनट में पढ़ लेता है तो कोई आधे घंटे में भी ठीक से नहीं पढ़ पाता। इस सवाल का सीधा–सा जवाब यह निकलकर आता है कि यह हर छात्र की अपनी क्षमता पर निर्भर करता है कि उसके अंदर किसी विषय को समझने और याद करने की कितनी योग्यता है। यह बात जरूर है कि लगातार अभ्यास करने से और समय का सदुपयोग करके पढ़ाई करने की क्षमता को बढ़ाने में काफी गुंजाइश हो जाती है।

इस वाक्य को अच्छी तरह समझने के लिये इसे आप एक बार फिर से पढ़ें। यहां जिस अभ्यास की बात की जा रही है, वह 2–4 दिन या एक सप्ताह के लिये नहीं है। टॉपर बनने के लिये हर छात्र को यह अभ्यास स्कूल–कॉलेज के पहले दिन से लेकर आखिरी दिन तक निभाना होता है।

टॉपर बनने की सोच रखने वाले छात्र यह जान चुके हैं कि जीवन समय से ही बनता है, इसलिये समय ही जीवन है। समय से बड़ा गुरु, दानी और बलवान इस संसार में दूसरा कोई नहीं है। दुनिया के महान वैज्ञानिकों ने हमारे शरीर के हर अंग को बदलने के लिये बनावटी अंग तैयार कर लिये हैं। यहां तक कि नकली दिल भी ऐसे बन गए हैं, जो बिलकुल असली दिल की तरह हमारे जीवन को चला सकते हैं, लेकिन शरीर को जीवन देने वाले सबसे महत्त्वपूर्ण चीज़ खून के एवज में डॉक्टर अभी तक कुछ नहीं बना पाए। इसी तरह वैज्ञानिक आज तक न तो समय को बना पाए हैं और न ही उस पर काबू पाने में सफल हो पाये हैं।

समय प्रबंधन के संबंध में गहराई से जानकारी पाना इसलिये भी महत्त्वपूर्ण है। टॉपर छात्रों की तरह हम भी यह समझ सकते हैं कि समय को संभालकर इस्तेमाल करने के लिये समय प्रबंधन कौशल किस तरह से

विकसित किये जा सकते हैं। उदाहरण के तौर पर हम मान लेते हैं कि एक कक्षा में तकरीबन 50 छात्र पढ़ते हैं। इनमें से अधिकांश छात्र 60–70 प्रतिशत अंक अर्जित कर पाते हैं। बाकी बचे हुए कुछ छात्रों को 80–90 प्रतिशत अंक हासिल करने में पसीने छूट जाते हैं। एक–दो छात्र सबसे अधिक अंक पाकर स्कूल–कॉलेज के टॉपर बन जाते हैं।

अब गौर करने वाली बात यह है कि जब सभी छात्रों ने एक ही स्कूल या कॉलेज में पढ़ाई की है, सभी छात्रों को एक ही अध्यापक ने पढ़ाया है, तो फिर इन सभी छात्रों के अंकों में इतना अंतर कैसे आ गया। इसका सीधा–सा जवाब सामने आता है कि अध्यापक ने तो एक गाइड की भूमिका निभा दी है। उसने हर छात्र को दिशा के बारे में अच्छे से समझा दिया है। अब उस रास्ते पर आगे बढ़ने का काम तो छात्रों को ही करना होता है। जो छात्र जितनी जल्दी और अच्छी तरह से उस रास्ते को समझकर मंजिल के पास पहुंच जाते हैं, वही टॉपर कहलाते हैं।

बहुत से छात्र कक्षा में पढ़ाई करते समय टीचर की किसी भी बात को गंभीरता से नहीं सुनते। उनका ध्यान इधर–उधर के काम में लगा रहता हैं। ऐसे छात्रों को शायद अभी इन बातों की समझ नहीं है कि पढ़ाई उनके लिये कितनी महत्त्वपूर्ण है, लेकिन जब पढ़ाई पूरी नहीं होती और परीक्षा सिर पर आ जाती है तो उन्हें समय की कदर समझ आने लगती है। उस समय तक बहुत देर हो चुकी होती है। जैसे ही हम समय प्रबंधन को और गहराई से समझने की कोशिश करते हैं, एक बात साफ हो जाती है कि हर छात्र के पास एक दिन के 24 घंटे हैं। हर छात्र तकरीबन 8 घंटे स्कूल–कॉलेज में आने–जाने और पढ़ाई में व्यतीत कर देता है। अगले 8 घंटे घर के जरूरी काम और सोने में निकल जाते हैं। जिस छात्र ने बाकी के बचे हुए 8 घंटों के समय का जितना अधिक इस्तेमाल पढ़ाई करने में लगाया, उसको उतनी ही अधिक सफलता मिली है। इस एक उदाहरण से हमें समय की कीमत के बारे में पता लगता है कि एक छात्र के लिये समय की क्या कीमत हो सकती है? कैसे हम अपनी कार्यशैली की गति को बढ़ाकर अपने समय को दोगुना कर सकते हैं?

सामान्य छात्रों में और टॉप करने की सोच रखने वाले छात्रों में, जो एक अहम् फर्क होता है, वह यह है कि टॉप करने की इच्छा रखने वाले छात्र सुबह पार्क में सैर करने के दौरान मन–ही–मन अपने पाठ्यक्रम के किसी अध्याय

का अभ्यास करते रहते हैं। जब कभी बस, रेल से यात्रा करते हैं तो अपनी पुस्तकों को साथ ले जाना नहीं भूलते। इससे बड़ा फायदा यह होता है कि हमारा ध्यान बेकार की बातों में न जाकर अपनी पुस्तकों पर ही केंद्रित रहता है। जिससे पहले पढ़े हुए अध्यायों के मुख्य अंश अच्छे से याद हो जाते हैं।

समय का सदुपयोग ही समय का बचाव है। समय बचाने के लिये हमें अपने सभी काम तय समय पर करने की आदत बनानी होगी। जो छात्र हर काम को समय पर निपटाने की आदत बना लेते हैं, उनका कोई भी काम समय के अभाव में अधूरा नहीं रहता। हमें सुबह उठकर क्या-क्या काम करने हैं, हमें कितना समय किस विषय की पढ़ाई के लिये रखना है, इसके लिये रात में सोने के समय ही मानसिक रूप से तैयार होना होगा। इसको और आसान बनाने का एक तरीका यह भी है कि हम अपने सभी कार्यक्रमों की एक रूप-रेखा तैयार कर लें। यह छोटी-सी योज़ना हमें अपने समय को रचनात्मक तरीके से नियोजित करने में और परीक्षा की तैयारी में बहुत ही मददगार साबित होती है।

यह सच है कि समय प्रबंधन किसी भी छात्र के लिये सबसे मुश्किल चुनौती होती है। इसका मुख्य कारण यह है कि पढ़ाई करना हमें बहुत अधिक ऊबाऊ लगता है। जबकि दोस्तों के साथ गपशप करना, घूमना-फिरना और पढ़ाई से ध्यान भंग करने वाली बातें हमें अधिक आकर्षित करती हैं। हालांकि हम यह जानते हैं कि इन्हीं बातों के कारण हमारे परिणाम पर बुरा असर पड़ सकता है।

दूसरी ओर स्कूल-कॉलेज़ में टॉप करने वाले छात्रों की यह खासियत होती है कि वे ऐसी सभी गतिविधियों को, जो उन्हें पढ़ाई से भटकाने का काम करती हैं, उन्हें 'हां' कहने की बजाय अच्छे से 'ना' कहना भी जानते हैं। सफलता के मायने समझने वाले छात्र यह जानते हैं कि हम जितना अधिक समय अपनी परीक्षा की तैयारी को देंगे, उतने ही अच्छे परिणाम पा सकेंगे। इसका कदापि यह मतलब नहीं होता कि ऐसे विद्यार्थी अपनी पुस्तकों के अलावा किसी दूसरी चीज़ के बारे में सोचते ही नहीं। वे सही ढंग से पढ़ाई करने के लिये अपने दिमाग को तरोताजा रखने के लिये हल्का-फुल्का व्यायाम करना भी नहीं भूलते, लेकिन ये सभी गतिविधियां करते हुए उनका सारा ध्यान अपनी घड़ी की ओर रहता है कि किस कार्य को कितना समय देना है।

कई बार जब कभी अकेले बैठकर किसी विषय को पढ़ने में मन नहीं लग रहा हो तो ऐसे छात्र अपने दोस्तों के साथ बैठकर भी पढ़ाई कर लेते हैं, लेकिन यह सब कुछ करते समय अपने समय का ध्यान रखना नहीं भूलते। दोस्तों के साथ जब कभी पढ़ाई करो तो ज्ञानी लोगों की इस बात को जरूर याद रखना कि कुछ दोस्त वक्त गुज़ारने के लिये अपने पास बुला लेते हैं, तो कुछ अपना बनाकर वक्त गुज़ार लेते हैं। बाद में इन सभी गलतियों की कीमत हमें अकेले ही चुकानी पड़ती हैं।

समय प्रबंधन के सभी पहलुओं को देखने–परखने के बाद इसका सही फायदा हमें तभी मिल सकता है, जब हम इसके अनमोल गुणों को भी अच्छे से जानें। बड़े–बड़े विद्वान अपने अनुभवों के आधार पर यह बताते हैं कि समय वह स्कूल है, जो हमें बहुत कुछ सिखाता है। समय को बचाने के लिये हमें काम करने का सही समय ही चुनना चाहिए। जो छात्र समय को बर्बाद करते हैं, इसका मतलब है वे अपने जीवन को बर्बाद कर रहे हैं, क्योंकि आज तक कोई भी इंसान समय को रिसाइकल नहीं कर पाया।

इसी के साथ वे लोग समझाते हैं कि इस दुनिया में सबसे कीमती चीज़ अगर कोई है, तो वह है समय। क्या हम यह जानते हुए भी इसका सदुपयोग करते हैं? कोई छात्र चाहें लाख कोशिश कर ले, लेकिन वह समय की गति में कोई बदलाव नहीं कर सकता। दुनिया में चाहे कितनी भी उठा–पटक होती रहे, लेकिन समय अपनी गति से भागता ही रहता है। हमारी खोई हुई दौलत, भूली हुई विद्या और खोया हुआ स्वास्थ्य, फिर भी किसी–न–किसी तरह लौट–कर आ सकते हैं, पर खोया हुआ समय कभी नहीं लौट सकता।

कई छात्र पढ़ाई करने के अच्छे समय के बारे में सोचते रहते हैं, लेकिन उन्हें यह समझना चाहिए कि पढ़ने के लिये तो हर समय अच्छा समय होता है। हर दिन की तरह आज का यह समय भी बहुत अच्छा है, बशर्ते हम यह समझ लें कि हमें इसका क्या करना है। अगर हम यह कहते हैं कि हमारे पास आज का काम ठीक से करने का वक्त नहीं है तो हमारे पास इसे फिर से करने का समय कभी नहीं होगा।

कुछ छात्र अपने दोस्तों को खुश करने के लिये समय को कई बार बर्बाद कर देते हैं। वे शायद यह नहीं जानते कि उस समय में भी बहुत कुछ रचनात्मक कार्य किये जा सकते थे। समय तो वह अनमोल खज़ाना है, जिसे

कभी भी बेकार नहीं किया जाना चाहिए। कामयाब इंसान जानते हैं कि समय बीत जाने पर एक नई परिभाषा लिखी जाती है, लेकिन इसके लिए मेहनत बहुत जरूरी है। जो लोग इन सभी बातों को समझकर सही ढंग से समय प्रबंधन करना सीख लेते हैं, वही टॉपर कहलाने के असली हकदार बन पाते हैं।

परीक्षा में सफलता पाने के लिये दृढ़ निश्चय से एक तय समय–सीमा में बहुत सारे पापड़ बेलने पड़ते हैं। दोस्तों! यहां इस बात का ध्यान रखना कि यह कोई 'मैगी' नहीं, जो दो मिनट में बन जाएगी। किसी भी परीक्षा के लिये तैयारी तो हर साल बहुत सारे छात्र करते हैं, लेकिन सफलता सिर्फ उन्हीं विद्यार्थियों को मिलती है, जो उसके लिये अच्छे से टाइम–टेबल बनाकर उसे ठीक से निभाते भी हैं। इसलिये पढ़ाई के साथ हर कार्य के लिये समय की पाबंदी बहुत जरूरी है।

बहुत सारे छात्र ऐसे भी हैं, जो परीक्षा से तो इतना नहीं घबराते, जितना सारे घर में तनाव के माहौल से डरने लगते हैं। जैसे–जैसे परीक्षा का समय नजदीक आने लगता है, माता–पिता छात्रों के मन में एक खौफ़ पैदा कर देते हैं। उनको हर बात पर टोककर सिर्फ हर समय किताबों के साथ ही देखना चाहते हैं, जिससे विद्यार्थी परीक्षा को एक बोझ समझने लगते हैं और उनकी चिंता बढ़ने लगती है। ऐसे माहौल में कोई भी छात्र ठीक से पढ़ाई नहीं कर सकता।

कुछ छात्र अपने समय की अव्यवस्था के कारण परीक्षा से इतना डर जाते हैं कि वे हर समय तनाव में रहने लगते हैं। कई बार घंटों एक ही पुस्तक को लेकर बैठे रहते हैं। ऐसी परेशानी में वे न तो कुछ पढ़ पाते हैं और न ही उस विषय को समझ पाते हैं। इसलिये माता–पिता और अध्यापकों का यह फर्ज बनता है कि बच्चों को कोर्स के मुताबिक समय प्रबंधन के बारे में ठीक से समझाएं, जिससे वे बिना समय बर्बाद किये पढ़ाई करते हुए अच्छे अंक पा सकें।

जो छात्र अपने हर एक–एक मिनट का ध्यान रखते हैं, फिर घंटे और दिन खुद उनका ख्याल रखने लगते हैं। समय का सदुपयोग ही समय का बचाव है। समय बचाने के लिये अपने सभी काम समय पर करने का स्वभाव बना लेना चाहिए। जो हर काम को समय पर निपटाने की आदत बना लेते हैं, उनका कोई भी काम समय के अभाव में अधूरा नहीं रहता। जिस छात्र को इन बातों के मायने समझ आ जाते हैं, वह किसी भी प्रतियोगिता में टॉपर बन सकता है।

चाहे कोई भाग्य की बात करे या किस्मत की, लेकिन लाख टके की बात

तो यही है कि समय वह स्कूल है, जो हमें हर पल बहुत कुछ नई बातें सिखाता है। हमारी ज़िदगी की सबसे कीमती चीज़ है समय, अब देखने वाली बात यह है कि क्या हम इसका सदुपयोग कर रहे हैं। अगर हमारे पास आज़ का काम ठीक से करने का वक्त नहीं है तो हमारे पास इसे फिर से करने का समय कभी नहीं होगा। जिस छात्र ने समय के मूल्य को समझ लिया, समझो उसने अपने जीवन में सब कुछ पा लिया।

बुद्धिमान छात्र यह जानते हैं कि समय धन से भी अधिक कीमती होता है। इसलिये वह कभी भी समय को काटने की कोशिश नहीं करते। समय काटने का मतलब दरअसल यह होता है कि समय ही हमें काट रहा है। जीवन का एक और कड़ुवा सच यह भी है कि हर किसी का अच्छा वक्त जरूर आता है और हमें उस वक्त को पहचानना होता है कि वह किस समय पर आ रहा है, क्योंकि हम चाहे लाख कोशिश कर लें, परंतु हम समय की गति में कोई बदलाव नहीं कर सकते। जिस समय को कई बार हम अपनी लापरवाही के चलते बर्बाद कर देते हैं, उस समय में भी बहुत कुछ हासिल किया जा सकता है। समय के मूल्य के बारे में इतनी महत्त्वपूर्ण जानकारी पाने के बाद तो हर छात्र में यह विश्वास जाग उठा होगा कि यदि टॉपर बनना है तो मेहनत के साथ–साथ समय के हर पल की भी कदर करनी होगी। समय के महत्त्व को और अधिक अच्छे से समझने के लिये हमें निम्नलिखित विचारों पर भी ध्यान देना होगा।

- समय की कदर करने वाले हमेशा आबाद रहते हैं।
- जो लोग अपने समय का सही उपयोग करते हैं, वही महान पुरुष कहलाते हैं।
- समझदार विद्यार्थी सोच–विचार में कम और कर्म करने में अधिक समय व्यतीत करते हैं।
- समय की सवारी वही छात्र कर सकते हैं, जो समय की लगाम पकड़कर रखना जानते हैं।
- पढ़ते समय हर विषय को सकारात्मक दृष्टिकोण से देखना चाहिए।
- टॉपर बनने के हर विषय को अच्छी तरह से पढ़ना, परखना, समझना, सीखना और फिर उस पर अमल करना जरूरी होता है।

11. बेचैन मन को संतुलित करें

आज छात्र–छात्राओं के पास सभी प्रकार के संसाधन और सुख–सुविधाएं मौजूद हैं, लेकिन न जाने वे अपनी शिक्षा और भविष्य को लेकर हर समय बेचैन क्यों रहने लगे हैं? वे एक पल के लिये भी अपने मन को शांत नहीं रख पाते हैं। समझ नहीं आता कि आज का दौर इतना तनाव भरा क्यों है? आखिर आज के छात्र क्या पाना चाहते हैं, उनके जीवन का उद्देश्य क्या है? वे हर समय किस वज़ह से बेचैन रहते हैं? कई छात्र अकेलेपन से घबराते हैं, तो कुछ छात्र भीड़ में बेचैन होने लगते हैं। परीक्षा के दिन करीब आने लगते हैं, तो तकरीबन सभी छात्रों का संतुलन बिगड़ने लगता है।

हम चाहें लाख कोशिश कर लें, लेकिन हमारी ज़िंदगी में कभी भी ऐसा दिन नहीं आता जिस दिन हमारे जीवन में कोई परेशानी न हो। कोई–न–कोई अनजाना–सा डर अथवा अनेक प्रकार की चिंता हमें सताती रहती है कि कहीं हम परीक्षा में फेल न हो जाए। कुछ छात्र तो कक्षा में पढ़ते समय भी यह सब सोचकर परेशान रहते हैं, जैसे–परीक्षा में अंक अच्छे नहीं आये तो उनके यार–दोस्त अथवा घर के सदस्य और दुनिया वाले क्या कहेंगे?

क्या आपको मालूम है कि दुनिया के सभी रोगों में से सबसे बड़ा रोग इस बात की चिंता है कि लोग क्या कहेंगे। परीक्षा के दबाव के कारण अनेक छात्रों में बेचैनी की आम शिकायत देखने को मिलती है। इस बेचैनी के कारण विद्यार्थी अजीब–सी उलझन महसूस करने लगते हैं। इन बातों की वजह से परीक्षा की तैयारी ठीक से नहीं कर पाते हैं। नकारात्मक सोच के चलते मन में अच्छे नतीजों की बजाय हर समय फेल होने का डर सताने लगता है।

इसी प्रकार जब अध्यापक कक्षा में पढ़ा रहे होते हैं, तो शारीरिक तौर पर तो हम कक्षा में बैठे होते हैं, लेकिन हमारा मन कहीं और ही भटक रहा होता है। देखने वालों को तो यही दिखाई देता है कि हम कक्षा में बैठकर

पढ़ाई कर रहे हैं, परंतु असलियत कुछ और ही होती हैं। हमारा मन हर समय कभी भूतकाल की चिंताओं में और कभी भविष्य के सुनहरे सपनों में खोया रहता है। ऐसे में हमारे शिक्षक, जो कुछ कक्षा में बोल रहे होते हैं, उसे हम सुनकर भी अनसुना करते रहते हैं, क्योंकि हमारा मन उस समय शिक्षक की बात को सुनना नहीं चाहता।

उस दौरान हमारे अध्यापक ने जो कुछ पढ़ाया होगा, वह न तो हमें समझ आएगा और न ही उस विषय की कोई चीज़ हमें याद रह पाएगी। इसके अलावा हमारे मन को बेचैन करने में असंतुलित खानपान, पढ़ाई करने के गलत समय और तरीके भी पूरी तरह से बराबर के जिम्मेदार होते हैं।

आपने खुद भी यह अनुभव किया होगा कि कई बार हम सोचते कुछ हैं, कहते कुछ हैं और करते कुछ और। इस दुविधा के चलते हम चाहकर भी अपनी सोच और कर्मों में तालमेल नहीं बिठा पाते। यदि हम तालमेल बिठाने की कोशिश करते हैं, अपनी राह छोड़कर घरवालों, दोस्तों या दूसरे करीबी लोगों द्वारा बताई हुई डगर पर चलने लगते हैं। हमें छोटी–छोटी चीज़ों की तरफ मन को भटकने से रोकना जरूरी होता है। जो छात्र लगातार तैयारी करते हैं, उनके टॉपर बनने के अवसर खुद ही बनने लगते हैं।

जिस नये रास्ते पर हम कदम बढ़ाने लगे हैं, उसके बारे में हम कुछ भी नहीं जानते। हमें यह भी नहीं मालूम कि जिन लोगों ने हमें इस नई डगर पर चलने के लिये प्रेरित किया है, क्या वे भी इस बारे में अच्छी तरह से जानते हैं? हमारे समाज़ में आप एक व्यक्ति से सलाह मांगें तो सैकड़ों सलाहकार मिल जाएंगे, लेकिन आप सौ लोगों से मदद की उम्मीद मांगे तो हो सकता है कि एक भी हाथ आपको दिखाई न दे।

कई बार सारा अध्याय पढ़ने के बाद भी ऐसा महसूस होता है कि कुछ भी समझ नहीं आ रहा। कोशिश करने के बावजूद भी ध्यान केंद्रित नहीं हो पाता। ऐसा लगता है कि मुझसे यह सब कुछ नहीं हो पाएगा। मैं कुछ भी करने के काबिल नहीं हूं। यदि छात्र कक्षा में बैठकर अपने दोस्तों के साथ हंसी–ठिठोली करते रहते हैं या उनका मन कहीं और भटकता रहता है तो वह अपने साथ ही धोखा करते हैं। इस बात से किसी दूसरे को नहीं, बल्कि छात्रों का अपना ही नुकसान होता है। घरवाले, शिक्षक सभी मिलकर दबाव बनाते हैं कि आप ध्यान से पढ़ने का प्रयास ही नहीं करते तो समझ कैसे

आयेगा? लेकिन कोई भी यह बताने का कष्ट नहीं करता कि आखिर ध्यान कैसे केंद्रित किया जाए।

स्कूल के छात्र तो कोरे कागज़ की तरह होते हैं। उन्हें पढ़ाई के साथ–साथ ऐसे संस्कार देने की जरूरत होती है ताकि थोड़ा बड़े होने पर वे खुद पढ़ाई की अहमियत को समझते हुए अपने लिये सफल कैरियर बना सकें। कक्षा में जब हम पढ़ाई करने के लिये बैठें तो उस समय हमें सिर्फ और सिर्फ अपना ध्यान पढ़ाई में लगाना चाहिए।

टॉपर बनने के लिये पढ़ाई करते समय एकाग्र होकर पढ़ना बहुत जरूरी होता है, जब हम देर रात पढ़ाई के बाद परीक्षा की तैयारी की कोशिश करते हैं तो उस समय रात में जागने के कारण एकाग्रता नहीं बन पाती। इसलिये जो छात्र दिल से पढ़ने के इच्छुक होते हैं वे रात की बजाय सुबह जल्दी उठकर पढ़ने को प्राथमिकता देते हैं। वे जानते हैं कि सुबह के समय हमारा दिमाग शांत और संयत होता है।

लेकिन जब भी किसी छात्र को यह बताया जाता है कि सुबह के समय पढ़ने से वह पाठ जल्दी याद होता है। इसके जवाब में अकसर छात्र यही कहते हैं कि जिस प्रकार हम अपने बाकी के सभी काम दिन में करते हैं तो पढ़ाई दिन में क्यों नहीं हो सकती। पढ़ाई तो आखिर पढ़ाई ही है। उसे किसी समय भी पढ़ लिया जाए, क्या फर्क पड़ता है।

घर में जहां तक मुमकिन हो सके, पढ़ाई सदा ऐसी जगह पर करनी चाहिए जहां बाहर की आवाजें हमारा ध्यान न भटका सकें। जो छात्र अपने मन को काबू में रखना सीख लेते हैं, जिन छात्रों के मन में पढ़ाई के प्रति सच्ची लगन लग जाती है, वे अपने मन और मस्तिष्क को अपने हिसाब से चलाना सीख लेते हैं। वे कभी भी मन को अपने लक्ष्य से नहीं भटकने देते। हम लगातार काम करते हैं, तो हमारे शरीर के साथ दिमाग भी थक जाता हैं। शरीर की थकावट उतारने के लिये हम कुछ देर आराम करना पसंद करते हैं। यह भी सच है कि कुछ देर सोने या आराम करने से हमारा शरीर एक बार फिर नई ऊर्जा के साथ नई चुनौतियों का मुकाबला करने के लिये तैयार हो जाता हैं। इसी तरह समय–समय पर हमें अपने दिमाग को भी थोड़ा आराम देते रहना चाहिए। इस बात को और अधिक अच्छे से समझने के लिये यहां हम एक मिसाल देना चाहेंगे कि जिस प्रकार हम अपने मोबाइल फोन को कुछ देर के लिये चार्ज करते हैं, फिर एक–दो दिन तक किसी से भी बातें कर सकते हैं, गेम आदि खेल सकते हैं।

किसी भी प्रकार का ज्ञान ग्रहण करते समय हमें इस बात का ध्यान रखना चाहिए कि हमारा मन शांत और तनावमुक्त हो। ऐसे वातावरण में जिस विषय के बारे में हम जानकारी हासिल करते हैं, उसकी छाप सदा के लिये हमारे दिलो–दिमाग पर रह जाती हैं।

एक विद्यार्थी ने अपने अध्यापक से पूछा कि परीक्षा में अधिक अंक पाने के लिये क्या करना चाहिए। उसे जवाब मिला कि मन के संतुलन को बनाने का प्रयास करो। इसका सीधा उपाय है कि मन को बीती हुई बातों और भविष्य की कल्पनाओं में भटकने से रोको। यदि और प्रभावी ढंग सीखना चाहते हो तो सबसे पहले अपने दिमाग को ठंडा रखो, अपनी जुबान को नर्म रखो, अपनी आंखें और कान सदा खुले रखो। बस इतना करने से कोई भी छात्र अपने अंदर करिश्माई बदलाव ला सकता है।

अधिकांशः छात्रों को पढ़ना सबसे कठिन काम लगता है, क्योंकि पढ़ाई करना एक उबाऊ काम है, इसलिये हमारा मन आसानी से इसे पसंद नहीं करता। नकारात्मक विचारों की धूल किसी को भी अंधा और बहरा बना सकती है। सबसे बड़ी परेशानी उस समय होती है, जब हमारा मन यह मान लेता है कि अब कुछ हो ही नहीं सकता।

कुछ छात्र बेचैनी के कारण खाना कम कर देते हैं तो कुछ जरूरत से अधिक खाने लगते हैं। उनका शरीर हर समय थका–थका सा रहने लगता है। पढ़ाई और परीक्षा एक बोझ की तरह प्रतीत होने लगती है। चारों ओर निराशा नज़र आने लगती है। जो छात्र समय रहते इस परेशानी को संतुलित करना सीख लेते हैं, वे निराशा और उदासी के माहौल से बच जाते हैं। जो छात्र सबसे आगे रहने का सपना देखते हैं, वे इस तरह के हालात बनने से पहले ही यह जानने का प्रयास करते हैं कि आखिर इस परेशानी की वजह क्या है? वह उन सभी विकल्पों पर गौर से विचार करते हैं जिससे उनके भविष्य को खतरा हो सकता है। वह अपने मन को हल्का करने के लिये अपने माता–पिता, दोस्त या अध्यापक जिससे भी बात करनी पड़े, उनसे मदद लेकर परेशानी का हल ढूंढ ही निकालते हैं।

सफलता हासिल कर चुके छात्र बताते हैं कि टॉपर बनने के लिये जिज्ञासा और बेचैनी भी जरूरी होती है। यदि हम आगे बढ़ने के लिये बेचैन नहीं हैं या कुछ नया करने की व्याकुलता हमारे अंदर नहीं है तो दूसरों से आगे नहीं बढ़ सकते। किसी भी परीक्षा में वही छात्र सफल हो सकते हैं, जिनके अंदर छटपटाहट और बेचैनी होती है। यही इरादे हमें दूसरों से बेहतर करने के लिये प्रोत्साहित करते हैं।

एक सफल छात्र बनने के लिये जरूरी है कि हम हर किसी से मुकाबला करने के लिये खुद को तैयार करते रहें। यह तभी मुमकिन हो पाता है जब

हम दूसरों से प्रतिस्पर्धा करते हैं। जब तक हम आगे बढ़ने की होड़ में शामिल नहीं होते, उस समय तक टॉपर बनने की चाह विकसित नहीं हो पाती। अपने मन की इस बेचैनी को शांत करने के लिये हम उन्हीं प्रश्नों और विषयों का हल ढूंढते–ढूंढते बहुत कुछ नया सीख पाते हैं।

मन को तनाव से बचाने और संतुलित रखने के लिये सुबह–शाम थोड़ी देर की सैर या साइकिल चलाना बहुत मददगार होता है। जो इस आदत को लगातार करने लगते हैं, उनका मन बेचैन होने से बहुत हद तक बच जाता हैं। जब कभी हल्का–फुल्का संगीत सुनने या हंसने–हंसाने का मौका मिलता है तो उसे कभी भी हाथ से नहीं जाने देते। यही छोटी–छोटी बातें आपके मूड को तनावमुक्त रख सकती हैं।

टॉपर बन चुके छात्र अपने अनुभवों को बांटते हुए कहते हैं– "अव्वल आने के लिये यह जरूरी नहीं कि आप दिन–रात सिर्फ पुस्तकों के साथ ही जुड़े रहें। इससे भी अधिक यह महत्त्वपूर्ण होता है कि क्या पढ़ा जाए और कैसे पढ़ा जाए। परीक्षा चाहे किसी भी किस्म की हो, आप आसानी से उसमें प्रथम स्थान पा सकते हो, यदि आपके अंदर एकाग्र होकर पढ़ने की इच्छाशक्ति है।" इसके साथ वह नई पीढ़ी के लिये कुछ खास टिप्स भी बताते हैं जिससे अपनी एकाग्रता को मजबूत किया जा सकता है। उनका मानना है कि इन्हें अपनाने से मन पढ़ाई करते समय कभी बेचैन नहीं हो पाता।

- हमारे घर का माहौल जितना शांत और तनावमुक्त होगा, उतना ही पढ़ाई में हमारा अधिक मन लगेगा।
- यदि कोई छात्र अपनी तकदीर और हकीकत के सपने को पूरा करने में विश्वास रखता है, तो उसे सबसे पहले अपने मन–मस्तिष्क को शांत रखने की विधि सीखनी होगी।
- दिन–रात लगातार पढ़ने की बजाय स्मार्ट ढंग से पढ़ाई करने की विधि को अपनाएं।
- सफलता खुशी की चाबी नहीं है, बल्कि खुशी सफलता की चाबी है। आप जो कुछ पढ़ रहे हैं, अगर उसे प्यार और लगन से पढ़ेंगे तो जरूर सफल होंगे।
- स्व–प्रेरणा, प्रेरणा के अन्य सभी स्रोतों से बेहतर काम करती है।
- अपना सर्वश्रेष्ठ प्रदर्शन करने के लिए खुद से ही प्रेरणा लेनी होती हैं।

12. आत्मविश्वास

आत्मविश्वास कहो या मनोबल, इस पाठ को पढ़ने से पहले हमें अपने मन में यह बात अच्छे से बिठानी होगी कि कोई भी लड़ाई लड़ी तो हथियारों से जाती है, लेकिन जीती सिर्फ़ आत्मविश्वास के दम पर ही जाती है। एक छात्र ने कहा–"सर! यदि आप आत्मविश्वास के बारे में समझाना ही चाहते हो तो कोई और अच्छा–सा उदाहरण दो, क्योंकि मुझे लड़ाई–झगड़े से बहुत डर लगता है।" इस बात का उत्तर मज़ाक में देते हुए अध्यापक ने कहा–"एक बार दस लड़कों को एक सुंदर–सी लड़की के सामने शादी का प्रस्ताव रखने के लिये कहा गया। दस में से पहले 8 लड़कों ने उस लड़की को गुलाब का फूल देते हुए अपने मन की बात कही। एक लड़का, जिसमें आत्मविश्वास कूट–कूट कर भरा हुआ था, वह अंगूठी लेकर आया।" अब उस छात्र ने कहा कि यह तो 9 लड़कों का हिसाब–किताब हुआ। आपने आखिरी वाले लड़के के बारे में नहीं बताया कि उसने अपनी शादी का प्रस्ताव कैसे रखा। अध्यापक ने उसे कहा कि वह आखिरी वाला लड़का बारात लेकर आ गया था।

छात्र ने अध्यापक से कहा कि फिर असली आत्मविश्वास तो इसी लड़के में हुआ ना। अध्यापक ने समझाया कि इसे आत्मविश्वास नहीं अतिविश्वास कहते हैं और अति चाहे किसी भी चीज़ की हो, वह कभी भी अच्छी नहीं होती। छात्र ने फिर से एक सवाल करते हुए कहा कि इन सभी बातों का हमारी परीक्षा से क्या लेना–देना है। अध्यापक ने उस विद्यार्थी को समझाया कि देखो हम सभी हर अच्छे काम का श्रेय तो खुद लेना चाहते हैं और कहीं कोई कमी रह जाये तो हम उसका दोष अपनी किस्मत को देने लगते हैं।

यदि कोई छात्र किसी परीक्षा में सफल नहीं हो पाता तो इसका कारण उसकी किस्मत नहीं, बल्कि आत्मविश्वास की कमी होती है। आत्मविश्वास में

वह शक्ति होती है, जो हर असफलता को सफलता में बदल सकती है। आत्मविश्वास और संकल्प जब दोनों मिल जाते हैं तो यही हमें टॉपर बनने के लिये सही मायनों में प्रेरित करते हैं। हमें तमाम अड़चनों के बावजूद सफलता के मार्ग से विचलित नहीं होने देती। जिस छात्र को जैसा बनना होता है, उसे उसी प्रकार के विचार पूर्ण आत्मविश्वास के साथ अपने मन में उत्पन्न करने चाहिए। एक बार यदि हमने टॉपर बनने का मन बना लिया तो फिर हमें खुद से यह वादा करना होगा कि हम हर परीक्षा में पहले से बेहतर परिणाम लाकर दिखाएंगे।

हम चाहे किसी भी स्तर तक पढ़ाई क्यों न कर लें, लेकिन उसके बावजूद भी यदि टॉपर बनना है तो अभी बहुत कुछ सीखना बाकी रह जाता है। हमें हर समय अपना आत्मविश्वास बरकरार रखते हुए यही सोचना चाहिए कि अभी बहुत कुछ नया पढ़ना है। अगर कोई विद्यार्थी यह सोचता है कि मैंने सब कुछ पढ़ लिया है, सब कुछ सीख लिया है, तो इसका सीधा–सा मतलब यह है कि इस छात्र ने अभी तक कुछ नहीं सीखा, क्योंकि ज्ञान पाने की कोई सीमा नहीं होती। ऐसे छात्र ही अपनी इस गलतफहमी के कारण परीक्षा में अकसर धोखा खा जाते हैं। जबकि आत्मविश्वास और इच्छाशक्ति से पढ़ाई की जाये तो सफलता जरूर मिलती है।

किसी भी लक्ष्य को पाने के लिये हमारे अंदर के आत्मविश्वास और सकारात्मक सोच का बहुत महत्त्व होता है। इन्हीं बातों से हमारे अंदर एक ऐसी शक्ति पैदा होती है, जो हमें टॉपर बनने के लिये प्रेरित करती है। जब हमारी मेहनत और यह शक्ति दोनों मिल जाती हैं तो हमारी अपने लक्ष्य को पाने की ताकत दोगुनी हो जाती है। दूसरी ओर जिन छात्रों में आत्मविश्वास की जरा–सी भी कमी रह जाती है, उनका सबसे पहले अपने आप से ही विश्वास उठ जाता है। ऐसी सोच वाले छात्रों को यह नहीं भूलना चाहिए कि जब तक हमारे अंदर इच्छाशक्ति का अभाव रहेगा, हम सफलता का स्वाद नहीं चख सकते।

छात्रों का एक विशेष वर्ग अपनी पढ़ाई के विषयों के पहलुओं को समझने के साथ यह भी जानता है कि यदि हम पूर्ण आत्मविश्वास से कर्म करना शुरू कर दें तो सफलता के द्वार खुद–ब–खुद खुलने लगते हैं। बहुत सारे छात्र परीक्षा की तैयारी तो अच्छे से करते हैं, लेकिन जब परीक्षा में उसी चीज़ को

लिखकर ब्यान करने का समय आता है, तो वे आत्मविश्वास की कमी के चलते यह काम ठीक से नहीं कर पाते।

ऐसे कुछ छात्र, जो शुरू से ही आत्मविश्वास की कमी के चलते परीक्षा में अच्छा नहीं कर पाते, उनके मन में यह हीन भावना पनपने लगती है कि मैं शायद कभी भी कुछ अच्छा नहीं कर पाऊंगा। इसी तरह के कुछ छात्रों की यह धारणा बन जाती है कि हम चाहे कितनी भी पढ़ाई क्यों न कर ले, लेकिन हमारा नतीजा तो वही आएगा, जो कुछ हमारे हाथ की लकीरों में लिखा हुआ हैं। ऐसे विद्यार्थियों को कौन समझाये कि किस्मत तो उन लोगों की भी होती है, जिनके हाथ नहीं होते।

कुछ छात्र इस बात को लेकर चिंतित रहते हैं कि सफलता और असफलता के क्या कारण होते हैं? मैं बार–बार प्रयास करने के बावजूद भी असफल क्यों होता हूं? यह भी सच है कि एक बार असफल होने पर हमारे मन पर इसका नकारात्मक प्रभाव पड़ता है। कई बार तो यह प्रभाव इतना गहरा होता है कि हम कई दिनों तक न तो ठीक से खाना खा पाते हैं और न ही हमें किसी से बातचीत करना अच्छा लगता है। जिन लोगों में आत्मविश्वास थोड़ा–सा भी कमज़ोर होता है, वे तो इस चक्रव्यूह से बरसों तक नहीं निकल पाते।

आमतौर पर यह धारणा है कि पढ़ाई करना और सफल होना कोई आसान काम नहीं है। यही सोच हमें बार–बार अपने लक्ष्य से भटका देती है, लेकिन हम यह बात पूरे दावे के साथ कह सकते हैं कि यह काम इतना मुश्किल भी नहीं है। यहां सिर्फ जरूरत होती है कि हम उस तकनीक को समझें, जिससे कि हम अपने लक्ष्य पर ठीक से फोकस कर सकें।

आमतौर पर देखने में आया है कि पढ़ाई से निराश होकर कुछ छात्र उदास रहने लगते हैं। वैसे तो उदास होने के कई अलग–अलग कारण हो सकते हैं, लेकिन आजकल निराशा का मुख्य कारण जो देखने में आ रहा है वह है नई पीढ़ी में आत्मविश्वास की कमी का होना। जिससे उन्हें अपने घरवालों और शिक्षकों की छोटी–सी बात भी तीर की तरह चुभ जाती है। यह सच है कि हर दिन प्रतिस्पर्धा बढ़ रही है, हर किसी को दिन–रात मेहनत करनी पड़ती है, लेकिन इस सोच से भयभीत वही छात्र होते हैं, जिनका आत्मविश्वास हर समय डगमगाता रहता है।

आज के युवा अकसर आत्मविश्वास की कमी के कारण, हार के डर से जोखिम नहीं उठाते और चुनौतियों का सामना करने से घबराते हैं। कुछ छात्र अपनी कक्षा में शिक्षक से प्रश्न पूछने में संकोच करते रहते हैं। यहां हमें यह बात याद रखनी चाहिए कि यदि हमें किसी खास अध्याय के बारे में कुछ समझ नहीं आ रहा तो उसकी जानकारी हासिल करने में किसी प्रकार की शर्म महसूस नहीं करनी चाहिए। यदि हमारे इस व्यवहार पर कोई हंसी–मज़ाक भी करता है, तो भी हमें यह समझना चाहिए कि अब पूरी ज़िंदगी हमें किसी और के आगे कभी इस विषय को लेकर शार्मिंदा नहीं होना पड़ेगा। आत्मविश्वास का सीधा–सा मतलब योग्यताओं, क्षमताओं पर विश्वास रखते हुए अपने लक्ष्य को पाना होता है। अपने किसी भी प्रश्न पर सफाई देते समय बस हमें इस बात का ध्यान रखना चाहिए कि हमारी बात कहने का ढंग कुछ ऐसा होना चाहिए कि किसी को उस बात का बुरा न लगे।

एक अच्छा गुण ही हमारा मार्गदर्शन करते हुए हमारी सभी शंकाएं खत्म कर सकता है। यदि किसी कारणवश हमें किसी योजना में सफलता नहीं मिलती तो इसका सीधा मतलब यह है कि हमारी तैयारी में कोई–न–कोई कमी रह गई है। असफलता मिलने पर मंथन करते समय हमें यह नहीं भूलना चाहिए कि मंथन से केवल अमृत कलश नहीं निकलता, बल्कि इसके साथ कालकूट नामक जहर भी निकलता है। जो इस जहर को धारण करता है, वह नीलकंठ हो जाता है। हम किसी भी मार्ग पर चलें, हमारे मन में कोई–न–कोई संदेह हमेशा बना रहता है। जब तक हम इस दुविधा भरी स्थिति से बाहर नहीं निकलेंगे, हम अपने अंदर आत्मविश्वास कायम नहीं रख सकते।

किसी भी नये विषय को पढ़ने से पहले हम इसलिये डरते हैं, क्योंकि हम उसकी सफलता के बारे में कम और असफलता के बारे में अधिक सोचते हैं। यदि हम सफ़ल होना चाहते हैं तो उसके लिये मेहनत भी हमें खुद ही करनी होगी, क्योंकि कोई दूसरा व्यक्ति हमें कभी कुछ नहीं दे सकता। यदि हमारा वर्तमान हमारे बीते हुए कल से अच्छा नहीं है, तो इसका सीधा मतलब यह है कि हमारी लगन में अभी भी कुछ–न–कुछ कमी रह गई है।

लेकिन दूसरी ओर एक बार कोई छात्र किसी परीक्षा में अच्छे अंक अर्जित कर लेता है, तो उसका आत्मविश्वास खुद–ब–खुद ही बढ़ने लगता है। टॉपर बनने वाले ऐसी सोच को नकारते हुए अपनी एक नई

सीमा तय करने के साथ अपनी सारी शक्ति उस लक्ष्य को पाने में लगा देते हैं।

इससे आगे का कदम यह है कि हमें अपनी किताबों और नतीजे के बीच के फर्क को ठीक से आंकना होगा। हमें यह काम उस समय तक करना होगा, जब तक हमारे दिलो–दिमाग में यह बात साफ न हो जाये कि अपनी इन पुस्तकों के माध्यम से अपने स्कूल, कॉलेज में कैसे टॉप कर सकते हैं। एक बार जब यह तस्वीर हमारे दिमाग में साफतौर से बन जायेगी तो फिर कोई भी शक्ति हमें टॉपर बनने से नहीं रोक सकती।

हर छात्र को कोई एक खास विषय बहुत पसंद होता है, वहीं दूसरा विषय उसे उबाऊ (बोरिंग) लगता है। अब हमें इन दोनों पहलुओं को समझना होगा कि हमारी पसंद और नापसंद के क्या कारण हैं। क्योंकि हर विषय की पढ़ाई हमारे लिये जरूरी है, इसलिये हमें अपना आत्मविश्वास बढ़ाकर इन कमियों को जल्द–से–जल्द दूर करना होगा। जब हम सोचने की क्षमता रखते हैं, तो हमें अपने ऊपर इतना भरोसा भी रखना चाहिए कि हम अपने लिये एक नई राह तैयार कर सकते हैं।

मन में दृढ़ निश्चय कर लेने से ऐसा कोई भी कार्य नहीं है जो पूर्ण नहीं हो सकता। जिस काम को करने से पहले पूर्ण जानकारी हासिल कर ली जाये वह असंभव को भी संभव बना देती है। सफ़ल होने का बस इतना–सा रहस्य है कि सफ़लता की चिंता किये बिना पूरी लगन से कार्य में जुटे रहो। जहां तक हो सके, हमें अपनी ज़िंदगी में निरंतर अपने ज्ञान की धारा का विकास करते रहना चाहिए।

आम छात्र जिस परीक्षा को मुश्किल से पास कर पाए, उसे आसानी से टॉप कर लेने वाले को ही टॉपर कहा जाता है। योग्य विद्यार्थी जिस काम को असंभव कह दे, उसे करने वाले को जमाना प्रतिभाशाली कहता है। जीवन में कामयाबी तभी मिलती है जब छात्र अपने व्यक्तित्व को इतना मजबूत बना लेते हैं कि नकारात्मक व्यवहार उन्हें प्रभावित न कर सकें। आपने भी कई बार देखा होगा कि छिपकली उड़ नहीं पाती, फिर भी उड़ने वाले जीवों को अपना भोजन बना लेती है। एक बार छात्र अपने लक्ष्य पर दृढ़ निश्चय से दृष्टि टिकाकर रखें तो कुछ भी पाना असंभव नहीं है। शेर, छलांग मारने के लिए एक कदम पीछे लेता है, इसी तरह जब ज़िंदगी आपको पीछे धकेलती है तो

कमर कस लो कि ज़िंदगी आपको एक ऊंची छलांग देने के लिए तैयार है। यहां इस बात का भी ध्यान रहे कि छलांग चाहे जैसी भी हो, एक ही झटके में लगाई जाती है।

छात्रों में आत्मविश्वास का हर स्तर पर होना बहुत जरूरी होता है। इसलिये हमें चाहिए कि अपना आत्मविश्वास सदा बनाये रखें, क्योंकि आत्मविश्वास हमारे सबसे बड़े मित्र के रूप में साथ निभाता है। परंतु हमें कभी भी अतिविश्वास का शिकार नहीं होना चाहिए। बात चाहे अंतिम परीक्षा की हो या प्री–बोर्ड की, हमें सदा गंभीरता से लेना चाहिए। इससे एक लाभ यह होता है कि हमारे कोर्स के एक बड़े हिस्से की तैयारी साथ ही हो जाती है। छात्रों का एक वर्ग इस तरह से पढ़ाई करता है कि आने वाले समय में किसी बड़े दफ्तर में अच्छी नौकरी कर सकें, लेकिन टॉपर बनने की सोच रखने वाले अपनी हर परीक्षा की तैयारी इस तरह से करते हैं कि एक दिन इतना बड़ा आदमी बन सकें कि दूसरे लोग उनके ऑटोग्राफ लेने के लिये उनसे कहें।

कई बार लगातार मेहनत करने के बावजूद भी हालात हमारे बस से बाहर हो जाते हैं। यहां इस बात का ख्याल रखना होगा कि हालात चाहे कितने भी बुरे क्यों न हो जाएं, हमें कभी भी हिम्मत नहीं हारनी चाहिए। हर प्रकार के हालात का डटकर मुकाबला करने से ही अपनी मंजिल की ओर बढ़ा जा सकता है। आप एक बार में जितनी तैयारी कर सकते हो, कर लो और फिर आगे के लिये उससे थोड़ा और अधिक प्रयास करने का प्रयत्न करो। ऐसा करने से सफलता जरूर मिलती हैं। पेड़ की डालियों पर बैठे पक्षियों को तो आपने भी कई बार देखा होगा। वे उसके हिलने या उसकी कमजोरी से नहीं घबराते, क्योंकि उन्हें अपने पंखों पर भरोसा होता है। इसलिये आप भी सदैव अपने आत्मविश्वास रूपी पंखों पर विश्वास कायम रखें।

अगर मन में हो विश्वास तो दुनिया भी देती है साथ, परंतु यदि हमारे विश्वास में थोड़ी भी कमी हो तो दुनिया तो क्या, हमारा अपना शरीर भी हमारा साथ नहीं देता। आत्मविश्वासी छात्र यह जानते हैं कि यदि किसी काम को कोई दूसरा छात्र कर सकता है, तो हम भी उस काम को जरूर पूरा कर सकते हैं। आत्मविश्वास के साथ हम गगन को भी चूम सकते हैं और बिना आत्मविश्वास के मामूली–सी उपलब्धि भी हासिल नहीं की जा सकती। चुनौतियों का मुकाबला करने के लिये चिंगारी तो हर छात्र के दिल में छिपी

होती है। सिर्फ जरूरत होती है तो उसे जगाने की। परीक्षा शुरू होने से पहले सोच–विचार कर पढ़ाई करना अच्छी बात है, लेकिन जब परीक्षा का समय सामने आ जाये तो उस समय सोचना बंद करके सिर्फ अपने लक्ष्य की ओर ध्यान करना चाहिए।

यह बात तो आपने भी सुनी होगी कि एवरेस्ट पर चढ़ने की इच्छा मन में पाल लेना एक बात है और वहां तक पहुंचना उससे बिलकुल अलग होता है। जैसा कि पहले भी कहा जा चुका है कि किसी प्रकार की सफलता पाने के लिये सबसे पहले आत्मविश्वास को मजबूत करने की आवश्यकता होती है। जिस प्रकार एक चिंगारी सारे जंगल में आग भड़का सकती है, उसी प्रकार थोड़ी–सी मेहनत से किसी भी छात्र की किस्मत चमक उठती है। आज हर व्यक्ति सफ़ल होना चाहता है, लेकिन सफलता सिर्फ उन्हीं लोगों को मिलती है, जो सक्षम होते हैं। जिस मनुष्य में आत्मविश्वास नहीं है, वह शक्तिमान होकर भी कायर है और पंडित होकर भी मूर्ख है। जो दुनिया को जीतने का हौसला रखते हैं, वे यह भी जानते हैं कि एक हार से कोई फ़कीर और एक जीत से कोई सिकंदर नहीं बनता। इतना सब कुछ जानने के बाद भी यदि किसी छात्र के मन में असफलता की कोई शंका उठती है तो उसका एक ही कारण हो सकता है और वह यह है कि अभी भी स्वयं में आत्मविश्वास की कमी होना।

जिन छात्रों का आत्मविश्वास कमज़ोर होता है, वे अपने विचारों का सम्मान नहीं कर पाते, लेकिन सफलता की राह पर चलने वाले खुद को हर प्रकार की परिस्थितियां में संभालना सीख लेते हैं। वे कभी भी अपने आत्मविश्वास को नहीं छोड़ते, क्योंकि उन्हें मालूम है कि आत्मविश्वास में वह ताकत है जो हर अंसभव कार्य को संभव बना सकती है। जो विद्यार्थी असंभव को संभव बनाना सीख लेते हैं, वे हर मंजिल को जीत सकते हैं। आत्मविश्वास जैसा दूसरा कोई मित्र नहीं, यही हमारी उन्नति में सबसे बड़ा मददगार होता है। इसलिये आत्मविश्वासी छात्र अपनी मंजिल को पाये बिना कभी नहीं रुकते।

परिश्रम करने के बाद सब्र करने वालों को सफलता जरूर मिलती है। छोटे मन से कभी कोई बड़ा नहीं हो पाता और टूटे हुए मन से कभी कोई खड़ा नहीं हो पाता। हमारा जन्म ऊपर उठने के लिये हुआ है, नीचे गिरने के लिये नहीं। एक साधारण छात्र भी ज्ञान पाकर और अधिक अच्छा इंसान बन सकता है। एक अच्छा दिमाग और एक अच्छा दिल हर काम को संभव

बनाने की क्षमता रखता है। जिन छात्रों ने सफलता पाई है, उनमें और असफल होने वाले छात्रों में सिर्फ इतना फर्क होता है कि सफल होने वाले छात्रों ने सपने कम देखे होते हैं और उन्हें सच कर के दिखाने के प्रयत्न अधिक किये होते हैं।

कोई छात्र चाहे किसी भी पृष्ठभूमि से ताल्लुक रखता हो, यह बात टॉपर बनने के लिये मायने नहीं रखती। मायने रखती है तो सिर्फ यह बात कि आप में कितना आत्मविश्वास और दम है। ऐसे छात्र पढ़ाई के बारे में यही बात कहते हैं कि ज्ञान ही वह धन है, जो हमें हर क्षेत्र में सफल बना सकता है। ऐसे विद्यार्थियों के दिमाग में सिर्फ एक ही बात रहती है कि हमें कुछ ऐसा करके दिखाना है जो सबसे बेहतर और अच्छा हो।

अब तो हमें विश्वास है कि आपके अंदर भी इतना आत्मविश्वास जाग चुका होगा कि हमें चाहे कुछ भी करना पड़े, हमें चाहे अपने आसपास का वातावरण बदलना पड़े, हमें चाहे दिन–रात जागना पड़े, हम टॉपर बनकर दिखाएंगे। बस जिस दिन इस रहस्य ने आपके दिमाग में काम करना शुरू कर दिया, उस दिन दूसरे लोग चाहे कुछ भी कहते रहें, आप टॉपर बनकर ही रहेंगे।

- टॉपर बनने का जुनून मन में हो तो, ऐसा हो ही नहीं सकता कि मंजिल न मिले।
- जिस छात्र में आत्मविश्वास नहीं होता, वह सफल न होने का कोई–न–कोई बहाना ढूंढ ही लेता है।
- उदासी, हताशा, शंका आदि शब्दों को भूलकर जीत, जोश, खुशी और आत्मविश्वास जैसे शब्दों से दोस्ती रखना बहुत फायदेमंद होता है।
- किसी भी विद्यार्थी को कभी खुद को कमजोर नहीं समझना चाहिए, क्योंकि डूबते सूरज को देखकर लोग घरों के दरवाजे बंद करने लगते हैं।
- कुछ कर गुजरने के लिये मौसम नहीं मन चाहिए होता है, साधन सभी जुट जाते हैं, बस मन में संकल्प के धन की आवश्यकता होती है।
- हमारा सवाल चाहे कितना भी तीखा क्यों न हो, लेकिन बिना डरे उसे कहने का ढंग इतना सरल होना चाहिए कि सामने वाले को हमारी बात चुभे नहीं।

13. हर समस्या का समाधान

हम जानते हैं कि आपको इस अध्याय का शीर्षक पढ़कर जरूर कुछ अजीब–सा लग रहा होगा। आपके मन में कुछ ऐसे विचार आ रहे होंगे कि यह कैसे मुमकिन है कि हर समस्या का समाधान हो सकता है। यदि यह संभव होता तो फिर हर छात्र की सभी परेशनियां एक ही दिन में खत्म हो जाती। सभी छात्र न सिर्फ परीक्षा में पास हो जाते, बल्कि अच्छे अंक पाकर टॉपर भी बन जाते, लेकिन हम आपको विश्वास दिलाते हैं कि आपकी चाहें कोई भी समस्या हो, हर मुश्किल का हल पाना कोई कठिन काम नहीं है। अध्यापक की इतनी बात सुनते ही एक छात्र ने कहा कि मुझे भी लगता है कि आप ठीक कह रहे हैं कि हर समस्या का हल होता है, लेकिन यहां मैं इतना और कहना चाहूंगा कि यह तभी तक मुमकिन होता है जब तक वह समस्या किसी दूसरे की हो।

अध्यापक महोदय ने छात्र को कहा कि इस सच्चाई से भी मुख नहीं मोड़ा जा सकता कि आज के युग में हर छात्र इतनी समस्याओं और कठिनाइयों में उलझा हुआ है कि सुबह आंख खुलते ही परेशानियों के अंबार दिखाई देने लगते हैं। सिर्फ इतना ही नहीं है कि जिन छात्रों के अंक कम आते हैं या जो असफल हो जाते हैं वही परेशान हैं। छात्रों के मामले में तो यह बात दावे से कही जा सकती है कि हर छात्र–छात्रा किसी–न–किसी कारण से दुःखी रहता ही है।

जो एक बार टॉपर बन जाते हैं, उनकी समस्या यह है कि वह अब हर बार इस खुशी का आनंद लेना चाहते हैं। एक ऐसे ही छात्र को तो हम भी जानते हैं, जो हमेशा 100 प्रतिशत अंक हासिल करता था। एक बार उसके 99 प्रतिशत अंक आए तो वह इतना दुःखी हुआ कि उसने आत्महत्या करने का मन बना लिया। ऐसे छात्रों को सदा यह चिंता सताती रहती है कि कहीं

दूसरा विद्यार्थी उनसे आगे न निकल जाये। कोई भी छात्र पढ़ाई शुरू करने से पहले ही इन समस्याओं के समाधान ढूंढने के ताने-बाने में उलझकर रह जाता है। यह सच है कि छात्रों को पढ़ाई की समस्या और अध्यापकों को जल्द-से-जल्द अपना कोर्स पूरा करवाने की समस्या। प्रिंसिपल साहब को अपने स्कूल के नतीज़ों में सुधार की चिंता हर समय सताती रहती है।

समस्याओं की बात करने के साथ हमें यह भी देखना होगा कि विज्ञान ने इतनी तरक्की कर ली है कि वह हमें हमारी सभी समस्याओं का विश्लेषण करके उनके समाधान बताने के बारे में हमारी मदद कर सकता है। जिस छात्र ने यह जान लिया कि उसकी समस्या की जड़ क्या है, तो फिर उसका समाधान ढूंढने में उसे देरी नहीं लगती। इससे भी बड़ी हैरानी तो आपको तब होगी, जब आपको यह मालूम होगा कि आपकी हर समस्या का हल भी आपके ही पास है। यह बात बिलकुल वैसी ही है, जैसे कोई भी सवाल हमारे दिमाग से निकलता है तो उसका जवाब भी हमारे दिमाग में ही होता है।

किसी भी समस्या के हल को खोज़ने के लिये आपको सिर्फ इतना करना है कि इस पुस्तक के हर विचार को सच्चे मन से अपनाना होगा, क्योंकि एक सकारात्मक विचार ही आपके जीवन की दिशा को बदल सकता है। एक मशहूर कथन है कि हर ताला बनाने से पहले उसकी चाबी बनाई जाती है। बिना चाबी के कभी कोई ताला नहीं बनता। बिलकुल ठीक उसी तरह हमारी हर परेशानी का हल हमारी समस्या के अंदर ही छिपा होता है। जब आप परेशान हों तो आइने के सामने जाकर खड़े हो जाइये। उसमें आपको जो एक व्यक्ति नज़र आयेगा, वही व्यक्ति आपकी हर समस्या को हल करने की क्षमता रखता है।

आपकी परेशानी को खत्म करते हुए हम इस राज़ से पर्दा उठा ही देते हैं। जिस तरह हर पहेली का हल होता है। वह बात अलग है कि किसी को उस पहेली का जवाब मालूम होता है और किसी को नहीं, लेकिन इसका यह कदापि अर्थ नहीं होता कि पहेली का जवाब होता ही न हो। इसी तरह आपने अपने घर में सीढ़ियां तो जरूर देखी होंगी। आपने यह भी देखा होगा कि जो सीढ़िया हमारे आंगन से छत के ऊपर जाती हैं, वही सीढ़ियां छत से उतरकर हमारे आंगन में वापिस नीचे आती हैं। फर्क सिर्फ इतना होता है कि जब हमें ऊपर जाना होता है तो हमारा मुंह सामने की ओर होता है और पीठ पीछे

की ओर। जो रास्ता हमारे सामने होता है वही हमें दिखाई देता है और जिस रास्ते की तरफ हमारी पीठ होती है, उसके बारे में हमें कुछ मालूम नहीं होता कि हमारे पीछे क्या है?

इसी तरह जो भी परेशानी हमारे दिमाग से उपजती है, उसका हल भी हमारे ही दिमाग से निकले हुए विचारों से ही मिलता है। फर्क सिर्फ इतना होता है, जब तक हम अपनी परेशानी को ठीक से देखते नहीं, हमें उसका हल समझ नहीं आता। इस उदाहरण से आपके अंदर इतना विश्वास तो जरूर पैदा हो जायेगा कि जैसे–जैसे आप इस अध्याय को पढ़ते जायेंगे, आपकी परेशानियां खत्म होती जायेंगी और आपका टॉपर बनने का लक्ष्य आसान होता जायेगा।

कई बार जब हमें किसी समस्या का कोई हल समझ नहीं आता तो हम किसी दोस्त–मित्र या दूसरे छात्र से उसके हल के बारे में मदद लेने की बात करते हैं। जब एक दिमाग के साथ दूसरा दिमाग भी काम करने लगता है तो बहुत सारी परेशानियों के हल आसानी से मिलने लगते हैं। इसी तरह किसी खास योग्यता को हासिल करने वाले अपने अच्छे दोस्तों के साथ मिलकर पढ़ाई करते हैं। उसका एक फायदा यह होता है कि जिन सवालों के जवाब याद करने में हमें मुश्किल होती है, उन विषयों पर दोस्तों के साथ चर्चा करके उस विषय में निपुणता हासिल की जा सकती है।

विचार–विमर्श के फायदे और नुकसान के बारे में सोचा जाये तो पहली बात यही खुलकर सामने आती है कि सभी को साथ लेकर चलने में और सभी के साथ चलने में हम सभी का भला होता है। जब यह हमारा नित्य का नियम बन जाता है तो हम हर अध्याय को और अधिक चौकन्ने होकर पढ़ने लगते हैं ताकि हम दोस्तों के बीच बहस में फेल न हो जायें।

लेकिन यहां एक बात का बहुत ध्यान रखना होगा कि हम कभी भी अपने विषय से भटककर किसी और मुद्दे पर बहस न करें, क्योंकि जब बिना किसी खास मुद्दे के दोस्तों के बीच बहस शुरू हो जाती है तो हमारी ऊर्जा के साथ बेशकीमती समय भी बर्बाद होने लगता है। कुछ छात्रों को बहस करने में मज़ा इसलिये भी आता है, क्योंकि इसमें न तो दिमाग लगाना पड़ता है, न ही कोई तथ्य देने होते हैं। जिस किसी को लगता है कि उसकी बात को ध्यान से नहीं सुना जा रहा, वह अपनी बात चिल्ला–चिल्लाकर बोलने लगता है। जब हम

इस तरह की फालतू की बातों में उलझ जाते हैं तो अपने असल मुद्दे से भटक जाते हैं और हमारी पढ़ाई बीच में आधी–अधूरी रह जाती है। ऐसे माहौल में हमारी समस्या का हल मिलने की बजाय हमारी परेशानियां और बढ़ सकती हैं।

कई बार हम लगातार लंबे समय तक पढ़ाई करते रहते हैं, लेकिन हमें उस समय तक कुछ भी समझ नहीं आता कि हम जो कुछ पढ़ रहे थे, वह सब ठीक था या गलत। जब तक या तो उसका परिणाम हमारे सामने नहीं आ जाता या हम किसी दूसरे छात्र के साथ उस विषय के बारे में विचार–विमर्श नहीं करते।

हमें सदा छोटी–छोटी बातों को लेकर बेकार की जलन और जिद्द से भी बचना चाहिए। हमारे मन पर किसी किस्म का कोई बोझ नहीं होना चाहिए। यह ऐसी खतरनाक अवस्था पैदा कर देती है कि हमारा मानसिक संतुलन बिगड़ने के साथ पढ़ाई में एकाग्रता खत्म होने लगती है। इसका नतीजा यह होता है कि हमारे देखते–देखते ही हमारा टॉपर बनने का ख्वाब टूटने लगता हैं। दूसरी ओर जब शांत मन से पढ़ाई या परीक्षा की तैयारी की जाती है तो हमारे आत्मविश्वास में कई गुणा बढ़ोतरी हो जाती है।

जीवन में कामयाबी मिलना या न मिलना, टॉपर बनना या ना बन पाना, हमारी किस्मत की बात नहीं होती, बल्कि हमारी अपनी कार्यशैली और सोच पर निर्भर करता है। आमतौर पर सभी छात्र अपनी पढ़ाई से जुड़े विषयों को दो भागों में बांट लेते हैं। कुछ विषयों के ऊपर आसान और कुछ विषयों पर मुश्किल का लेबल चिपका देते हैं। अब किसी छात्र से पूछा जाये कि आसान और कठिन विषय की क्या परिभाषा होती है? आसान विषय के बारे में तो विद्यार्थी झट से जवाब दे देते हैं कि जिस अध्याय को हम जल्दी से पढ़कर याद कर सकते हैं, वह आसान विषय होता है। बाकी सारे मुश्किल विषय होते हैं।

असल में ऐसा कुछ नहीं है। कई बार देखने में आया है कि एक छात्र एक दिन गणित या विज्ञान को बहुत मुश्किल विषय बताता है, लेकिन कुछ ही दिनों बाद उसी विषय को वह आसान कहने लगता है। आखिर यह सब कैसे मुमकिन हो गया, जबकि विषय तो वही है। उसमें किसी किस्म का कोई बदलाव नहीं किया गया। बात सिर्फ इतनी–सी है कि जो विषय कल तक इस छात्र को मुश्किल लग रहा था। असल में वह उसे ठीक से समझ ही नहीं

आ रहा था। जब उसके अध्यापक ने उसे सही ढंग से पढ़ने और समझने की विधि बताई तो मुश्किल विषय ही पढ़ने में आसान लगने लगा। इससे एक बात तो साफ हो गई, जब तक हम किसी काम को अपने हाथ से नहीं करते या उसे सही ढंग से करने का तरीका नहीं सीखते, वह कार्य हमें सदा ही कठिन लगेगा। हमारी कक्षा, हमारी पढ़ाई जितनी बड़ी होती जायेगी, उतनी ही मुश्किल भी होगी, लिहाजा इसमें अब सफलता सिर्फ परिश्रम से नहीं, बल्कि योजनाबद्ध तरीके से ही हासिल की जा सकती है।

फुर्सत के पलों में संभव और असंभव शब्दों को लेकर अकसर छात्रों में बहस छिड़ी रहती है, लेकिन ज्ञानी लोग बताते हैं कि यह सारा खेल हमारी सोच और कर्मों का होता है। जैसी हमारी सोच होती है, वैसे ही हमारे कर्म बन जाते हैं। उसी के आधार पर हमारी सफलता और असफलता निर्भर करने लगती है। हमें जो विषय पढ़ने में अच्छे नहीं लगते, हम उनसे दूर होने लगते हैं। कुछ छात्र तो मुश्किल कहे जाने वाले विषयों की पुस्तकों को ही अपने सामने से हटा देते हैं। इस तरह का व्यवहार हमारे अंदर नकारात्मक विचारों को और अधिक गहरा कर देता है। अब जब तक हम अपनी ऐसी सोच को खत्म नहीं करेंगे, उस समय तक ऐसे किसी भी विषय में श्रेष्ठ स्थान पाना तो दूर परीक्षा में पास भी नहीं हो पायेंगे।

पढ़ाई करना और परीक्षा में अव्वल आने के लिये हर छात्र का एक अलग नज़रिया होता है। एक बार दो छात्र आपस में बात कर रहे थे। एक ने कहा– "परीक्षा का समय भी कितना बुरा समय होता है। जिधर देखो अंधेरा–ही–अंधेरा नज़र आता है। यहां तक कि दो काली रातों के बीच केवल एक दिन ही उज़ाला होता है।" दूसरे छात्र ने कहा– "मुझे तो ऐसा बिलकुल भी नहीं लगता। मैंने तो जब भी देखा है, दो उज़ाले भरे दिनों में एक रात को ही आते देखा है।" परिस्थिति एक जैसी ही है, फर्क सिर्फ हमारे नज़रिये का होता है। हमारा नज़रिया ही हमें अंधकार से निकालकर उज़ाले की ओर ले जा सकता है। विद्वान लोगों के नज़रिये से देखा जाये तो जिस दुनिया में हम रहते हैं, वह एक परीक्षा भवन की तरह है और हमारा जीवन उत्तर पुस्तिका के समान है।

सफलता पाने के लिये हर कोई बेहतर तरीके से प्रयास करता है, फिर भी बहुत सारे छात्र खूब मेहनत करने के बावजूद भी प्रथम स्थान के नजदीक नहीं पहुंच पाते। टॉपर बनने के लिये सबसे पहले हमें खुद से यह पूछना होगा

कि आख़िर हमारी मंजिल क्या है? आज हम कहां खड़े हैं? यहां से चलकर किस राह से अपनी मंजिल तक पहुंचा जा सकता है? वहां पहुंचने तक हमें किस प्रकार की अड़चनों का सामना करना पड़ सकता है? क्या हम उन परेशानियों का मुकाबला करने के लिये मानसिक और शारीरिक रूप से तैयार हैं? जब इन सभी प्रश्नों का जवाब मिल जाये तो हमें अपने ख्वाब और हक़ीक़त की सच्चाई समझ आ पायेगी। जो छात्र इस सच्चाई को स्वीकार करते हुए तरक्की की राह पर आगे बढ़ना शुरू करते हैं, कामयाबी भी उन्हीं छात्रों को मिलती है।

जहां तक हो सके, अपने मित्रों के साथ, खासतौर से जो छात्र किसी विषय को पढ़ने में कमज़ोर हों, उसके साथ अपना ज्ञान बांटते रहना चाहिए। इससे एक ओर जहां उसकी मदद होगी, वहीं हमारा उस विषय पर पुनः विचार हो जायेगा। वैसे भी हमारी संस्कृति में ज्ञान देने वाले को बहुत महान कहा जाता है। हमारी हर परीक्षा एक कड़ी चुनौती की तरह होती है। हर विद्यार्थी को चुनौतियों का मुकाबला बहुत संभलकर करना पड़ता है, क्योंकि यही हमें जीत भी दिलाती है और हार भी। हर सुबह एक नया जीवन शुरू करना है तो यह संकल्प करो कि मैंने आज कुछ नया सीखना है और किसी को कुछ नया सिखाना है।

हालांकि हम सभी जानते हैं कि परीक्षा अपने आप में छात्रों के लिये एक बड़ी चुनौती होती है, लेकिन किसी भी छात्र को जब भी एक कक्षा से आगे बढ़ना है तो उसके लिये उसे परीक्षा का सामना तो करना ही पड़ेगा। कोई छात्र पढ़ाई में चाहे कितना भी अच्छा क्यों न हो, किसी छात्र ने चाहे सारा साल कितनी भी अच्छी पढ़ाई क्यों न की हो, लेकिन बिना परीक्षा के किसी भी छात्र के ज्ञान का मूल्यांकन करना संभव नहीं होता। यह सच है कि हर छात्र को परीक्षा किसी चुनौती से कम नहीं लगती, लेकिन बिना लिखित परीक्षा पास किये कोई भी शिक्षक उसे आगे की कक्षा में प्रवेश नहीं दे सकता।

फिर भी जैसे-जैसे परीक्षा करीब आती जाती है, विद्यार्थियों की चिंता और मानसिक तनाव के चलते हालत बिगड़ने लगती है। छात्र हर समय तनाव में रहने लगते हैं। इस तनाव का एक खास कारण यह भी होता है कि कोई छात्र सारा साल तो मन लगाकर पढ़ाई करता है, लेकिन परीक्षा के करीब आते ही कुछ ऐसी अनहोनी घटना घट जाती है या किसी दुर्घटना में कोई चोट ग्रस्त

जाये तो परीक्षा पास करना मुश्किल हो जाता है। यदि कभी ऐसे हालात बन भी जायें तो भी हमेंडर कर घबराना नहीं चाहिए, बल्कि अपना आत्मविश्वास बनाये रखते हुए उनका मुकाबला करना चाहिए।

सभी छात्रों को हर कक्षा की अगली सीढ़ी चढ़ने से पहले यह भी समझना होगा कि सारा साल मौज–मस्ती करके सिर्फ आख़िरी के एक–दो महीने पढ़ाई करने से प्रथम स्थान की उम्मीद करना बेवकूफी से बढ़कर कुछ नहीं होता। टॉपर बनने के लिये स्कूल–कॉलेज़ में पढ़ाई जितनी परीक्षा के करीब आकर होती है, उतनी ही पहले दिन से भी जरूरी होती है।

आज के इस आधुनिक दौर में भी कई लोग सफलता पाने के लिये न जाने मेहनत को छोड़कर क्यों अंधविश्वास का सहारा लेने लगते हैं? इसी तरह का एक किस्सा आपको बताता हूं। एक बार एक औरत एक ढ़ोंगी बाबा के पास जाकर बोली कि बाबा मेरे बच्चे के भविष्य के बारे में बताओ। बाबा ने नौटंकी करते हुए कहा कि आपका बच्चा खूब पढ़ेगा। उस औरत ने कहा– "बाबा! पढ़ाई तो यह अभी भी बहुत करता है, लेकिन इसके सारे दोस्त तो हर साल पास हो जाते हैं, लेकिन न जाने क्यों यह हर बार फेल हो जाता है। मुझे तो सिर्फ यह बताओ कि यह पास कब होगा?" बाबा ने स्वांग करते हुए कहा कि आप यह काला धागा शनिवार को इसके दायें पैर में बांध देना। उस औरत ने खुश होते हुए कहा कि क्या इससे मेरा बेटा पास हो जायेगा। बाबा ने कहा– "वह तो मैं नहीं बता सकता, हां इसके सारे दोस्त जरूर फेल हो जायेंगे।"

ऐसे लोगों को कौन समझाये कि सफलता पाने का कोई शॉर्टकट नहीं होता। अब यदि परीक्षा पास करनी है या उसमें कोई अच्छा स्थान पाना है, तो उसके लिये किसी भी छात्र को पहले दिन से ही मेहनत करनी होगी। आज़ के दौर में सिखाने वाले बहुत ज्यादा हैं और सीखने वाले कम, अगर सीखना ही है तो एक चींटी से भी बहुत कुछ सीखा जा सकता है। जो बातें हम सिर्फ सुनते हैं, उनमें से तकरीबन 20–30 प्रतिशत ही याद रह पाती हैं, जिस काम को हम किसी दूसरे को करते हुए देखते हैं, उससे अंदाजन 50 प्रतिशत सीख सकते हैं, लेकिन एक बार जो काम हम अपने हाथ से करना सीख लेते हैं तो वह सारी उम्र याद रहता है।

जब परीक्षा की तिथि नज़दीक आने लगती है तो सारे वर्ष की हुई पढ़ाई

के बारे में कई किस्म के सवाल हमारे सामने पैदा होने लगते हैं, जिन्हें समझने में हम खुद को असमर्थ पाते हैं। आज की भागदौड़–भरी ज़िंदगी में यह बात हर छात्र पर लागू होती है कि अपनी क्षमताओं को ठीक से जानने के लिये हम दूसरों के साथ विचार–विमर्श का समय निकालें। दूसरा कोई व्यक्ति जब हमारी पढ़ाई की समीक्षा करता है तो ही सही नतीजा हमारे सामने आता है।

कई छात्र यह शिकायत करते हैं कि उनके अंदर भी दूसरे छात्रों की तरह ही योग्यता है, लेकिन इसके बावजूद भी वह परीक्षा में अच्छा प्रदर्शन नहीं कर पाते। ऐसे छात्र यदि खुद ही अपना आकलन करें तो उन्हें महसूस होगा कि उनकी सोच में कही–न–कहीं कुछ गड़बड़ है। इस कमी को दूर करने के लिये उन छात्रों से सहयोग लेना चाहिए, जो परीक्षा में बहुत अच्छा कर पाते हैं। उन छात्रों के व्यवहार, उनके पढ़ने–लिखने की शैली के साथ उनके समय की योजना (टाइम मैनेजमेंट) को भी गौर से समझना होगा, जिससे भविष्य में कोई भी कार्य अधूरा न रह सके।

यदि किसी छात्र को कोई प्रश्न नहीं भी समझ आ रहा तो भी घबराने की जरूरत नहीं। हर परीक्षा सांप–सीढ़ी के खेल की तरह होती है, जहां सफलता और असफलता दोनों से ही हमारा सामना होता है। लेकिन अगर कोई छात्र शीघ्र ही घबरा जाता है तो वह बाकी का अपना सारा पेपर भी ठीक ढंग से नहीं कर पाता। जब भी कोई परीक्षा देने जायें तो प्रश्न पत्र को पूरे आत्मविश्वास और धैर्यपूर्वक देखें। खुद को संभालें और अपने आपसे किये हुए वादे को याद करें कि मैंने न सिर्फ यह परीक्षा पास करनी है, बल्कि अच्छे अंकों से उत्तीर्ण होकर अपने लक्ष्य को पाना है। इस सोच के आते ही आपका दृष्टिकोण पल–भर में बदल जायेगा और आप पूरे विश्वास और साहस के साथ हर प्रश्न का ठीक से हल कर पायेंगे।

हमारे परिवार की चाहे कैसी भी हैसियत हो, लेकिन अगर अपनी मनचाही जगह बनानी है तो उसके लिये कड़ी मेहनत तो करनी ही पड़ेगी। जो व्यक्ति दृढ़ विश्वास रखते हुए सहज़ मन से कार्य करते हैं, वे बिना किसी परेशानी के हर अड़चन को पार करते हुए मंजिल तक पहुंच जाते हैं। यदि हमें पढ़ाई करते समय या परीक्षा की तैयारी करते समय किसी प्रकार की समस्या पेश आ रही है तो उसे कभी भी मन में नहीं रखना चाहिए, क्योंकि जब तक हम बोलकर अपने मन की बात दूसरों के सामने नहीं रखेंगे, तब तक कोई भी

उस समस्या को हल करने में हमारी मदद नहीं कर पायेगा। कई बार हम जिसे बहुत बड़ी समस्या समझते हैं, उसे सही ढंग से दूसरों के सामने रखते ही उसका कोई–न–कोई हल निकल आता है और हमारा तनाव कम होने लगता है।

हर विद्यार्थी से पढ़ाई करते समय कोई–न–कोई गलती होती ही रहती है। आज तक कोई भी छात्र ऐसा नहीं हुआ, जो दावे से यह कह सके कि उसने अपने जीवन में कोई गलती नहीं की है। रोजमर्रा के जीवन में हुई गलतियों से घबराने की या परेशान होने की जरूरत नहीं होती। जरूरत सिर्फ इस बात की होती है कि हमने अपने जीवन में जो गलती एक बार की है, उस गलती को दुबारा न दोहरायें, बल्कि उस गलती से ऐसी सीख लें जिससे हम अपने आने वाले कल को संवार सकें। विद्वान लोग इन्हीं गलतियों को अनुभव का नाम भी देते हैं और यह बात तो हम सभी जानते हैं कि आदमी अपने अनुभव से बहुत कुछ नया सीख सकता है। आज चाहे कोई छात्र हो या अध्यापक, हर किसी को अपने जीवन में हर दिन नई–नई समस्याओं से सामना करना ही पड़ता है, लेकिन आप विश्वास रखें कि हर समस्या का हल होता है और यह आपके अंदर ही होता है। आप चाहें तो अपनी इस शक्ति का इस्तेमाल करते हुए हर समस्या को हल कर सकते हैं। अब आपको एक राज यह भी बताते हैं कि टॉपर बनने वाले छात्र अपनी समस्याओं का हल कैसे खोज़ते हैं।

- भाग्य भी सिर्फ साहसी छात्रों का साथ देता है।
- सफलता वाकई किस्मत और मेहनत का संगम होता है।
- निष्ठा, संकल्प और इच्छाशक्ति जिस किसी के पास है, उसके लिए टॉपर बनना असंभव नहीं है।
- वह विद्यार्थी कभी सफल नहीं हो सकता, जो हर परीक्षा के लिये अच्छे मुहूर्त के इंतजार में रहता है।
- कोई भी छात्र कभी भी इतना कमज़ोर नहीं होता कि वह अपने लिये बड़ा लक्ष्य निर्धारित न कर सके।
- मन से हारने वाला छात्र सब कुछ हार जाता है, जबकि अपने मन को जीतने वाला दुनिया को जीत सकता हैं।

14. जरूरी है सोच में नयापन

आज के युवा छात्रों के रहन–सहन, बोलचाल, पहनावे या अन्य तौर–तरीकों को देखा जाए तो हर तरफ नयेपन की झलक दिखाई देने लगी है। आखिर यह आधुनिकता या नयापन होता क्या है? पुरानी पीढ़ी के लोगों से इस संबंध में पूछा जाए तो उनके मुताबिक पुराने और नयेपन का यह फर्क सिर्फ और सिर्फ हमारी सोच में होता है। इस बात को वे इस उदाहरण से जोड़कर देखते हैं– एक आदमी सुबह हिंदू था, शाम होते–होते उसने मुस्लिम धर्म को अपना लिया था। अब न तो उसके हाथ–पांव में और न ही उसके शरीर में कोई बदलाव आया। जो बदलाव उसमें देखने को मिलता है, वह है उसके विचारों का। उसके विचार बदलने से ही उसने एक धर्म को छोड़कर दूसरे धर्म को अपना लिया।

इसी सवाल का जवाब नई पीढ़ी कुछ इस तरह से देती है कि हमारे आर्थिक, सामाजिक, वैचारिक और रहन–सहन में आए दिन जो बदलाव आ रहा है, वह ही असली नयापन है। इस पीढ़ी के छात्रों को नयेपन का सिर्फ यही मतलब समझ आता है कि हर विषय को नये ढंग से सोचने और काम करने की शैली, जो उनकी प्रगति में सहायक हो और उन्हें जल्द–से–जल्द सफलता की राह पर चलना सिखा दे, वही नयापन होता है।

आज का दौर बदलाव का युग माना जाता है। इस दौर में युवाओं को हर तरफ से कुछ–न–कुछ नयेपन की उम्मीद होती है। यहां तक कि उन्हें घर का खाना खाने में भी मज़ा नहीं आता। बोलचाल की बात करें तो हर अक्षर को तोड़–मरोड़ कर बोलने का फैशन बनता जा रहा है। कल तक दिल्ली के मशहूर बाजार कनाट प्लेस को आज की युवा पीढ़ी 'सी.पी.' के नाम से जानती है। किसी खूबसूरत फोटो का जिक्र आए तो उसे 'पिक' कहा जाने लगा है। कहने का भाव सिर्फ

इतना है कि नयेपन की होड़ में हर तरह के शब्दों के साथ उलट–पुलट का खेल खेला जा रहा है।

इन सभी बातों का छात्रों की पढ़ाई–लिखाई पर भी बहुत असर देखने को मिलता है। अधिकतर छात्र अब पुस्तकों से पढ़ाई करने की जगह इंटरनेट को प्राथमिकता देने लगे हैं। उनका कहना है कि अगर कोई एक किताब बहुत मशहूर हो जाती है तो फिर सभी किताबें उसी पैटर्न पर लिखी जाती है। इससे अच्छा तो इंटरनेट है, जहां हर दिन नई जानकारी मिल जाती है। कई छात्र तो यहां तक शिकायत करते हैं कि कुछ अध्यापक तो आज भी बाबा आदम के स्टाइल से पढ़ाई करवाते हैं।

यह सच है कि कल तक विद्यार्थियों को पुरानी परंपरा से ही पढ़ाया जाता था, जो काफी नीरस और उबाऊ होती थी। शिक्षक सिर्फ उतनी जानकारी ही छात्रों को देते थे, जितनी उनके कोर्स से जुड़ी हुई होती थीं। उसे भी रचनात्मक तरीके से पढ़ाने की बजाय तोता रटन की विधि से ही बताया जाता था, ताकि विद्यार्थी अच्छे अंक पाकर अगली कक्षा में प्रवेश पा जाये। परीक्षा में भी हर साल वही चंद सवाल घुमा–फिराकर पूछ लिये जाते थे। न तो पढ़ाई में और न ही परीक्षा पद्धति में किसी किस्म के नयेपन को लाने की कोशिश की जाती थी।

आज के बदलते दौर में पढ़ाई के तौर–तरीकों में भी एक नयापन लाने की आवश्यकता बढ़ती जा रही है। हमारी सफलता में बहुत सारी चीज़ों का योगदान होता है, लेकिन परीक्षा में टॉप करने वाले छात्र जानते हैं कि जब तक हम हर कक्षा और हर परीक्षा के लिये नये–नये लोगों से प्रेरणा लेकर विचार–विमर्श नहीं करते, तब तक टॉपर बनना नामुमकिन है।

छात्रों के जीवन में चाहे सब कुछ अच्छा चल रहा हो, फिर भी उनकी नई सोच यही कहती है कि हमारी स्कूल–कॉलेज़ की लाइफ में हर दिन कुछ–न–कुछ नयापन होना चाहिए। नई सोच के छात्र बहुत बुद्धिमान है और नई बुद्धि हर समय नयेपन की उम्मीद रखती है। इस बात से यह भी साबित होता है कि जो छात्र जितना अधिक बुद्धिमान होगा, वह उतनी ही जल्दी पुरानेपन से ऊब जायेगा। इससे पहले कि छात्रों को पढ़ाई में उबाऊपन लगने लगे, उन्हें पढ़ाई–लिखाई के साथ जीवन में ताजगी महसूस करवाने के लिये कुछ–न–कुछ नयापन देते रहना चाहिए।

आज जमाना बदल रहा है। आज के छात्र नये–नये मोबाइल फोन, कम्प्यूटर, लैपटॉप और अन्य कई आधुनिक उपकरणों का इस्तेमाल करने लगे हैं जिससे उनकी जानकारी कई गुणा अधिक बढ़ चुकी है। इस सोच को देखा जाये तो सच में यह जरूरी हो गया है कि नई पीढ़ी को सिर्फ किताबी कीड़ा न बनाया जाये, बल्कि उनके रचनात्मक विकास के लिये छात्रों को उनकी पसंद के मुताबिक नये ढंग से शिक्षा दी जाये।

अनुभवी अध्यापक बताते हैं कि किसी वस्तु–विषय के बारे में पढ़ाकर एक छात्र जितनी जानकारी ले पाता है, उससे 10 गुणा अधिक वह उस चीज़ को एक बार में देखकर समझ जाता है। इसलिये आज बचपन से ही छात्रों को चित्र, फोटो, नमूने आदि दिखाकर प्रयोगात्मक शिक्षा से पढ़ाने की विधि को प्रोत्साहन दिया जा रहा है। जब ये सभी चीज़ें छात्रों के सामने होती हैं, तो वे खुद उनके बारे में जानकर और उन्हें महसूस करते हुए बहुत जल्दी सारी जानकारी प्राप्त कर लेते हैं। इस तरीके से जहां एक ओर पढ़ाई करना और करवाना आसान हो जाता है, वहीं छात्रों को अपने विषय के बारे में पढ़ना भी अधिक अच्छा लगता है।

आज के छात्र पहले की तरह घंटों लगातार बैठकर पढ़ाई करने की बजाय विषय को गहराई और बारीकी से समझते हैं। वे पूरे अध्याय को बार–बार पढ़ने की बजाय उसे छोटे–छोटे भागों में कम्प्यूटर शैली की भाषा यानी 'की वर्ड' बना लेते हैं। नतीजतन कम समय और कम मेहनत में भी सारा अध्याय आसानी से याद हो जाता है और परीक्षा में भी अच्छे अंक पा लेते हैं।

नये तरीके से अध्ययन करने की बात यदि की जाये तो हमें एक और जरूरी बात यह भी याद रखनी चाहिए कि कभी भी एक ही विषय को लगातार कई घंटों तक नहीं पढ़ना चाहिए, क्योंकि जिस प्रकार हम एक फिल्म अपने मनोरंजन के लिये देखते हैं तो पहली बार हमें बहुत अच्छी लगती है, लेकिन दूसरी बार उतना आनंद नहीं आता। इसके बाद भी कोई हमें वही फिल्म देखने के लिये कहे तो हमें गुस्सा आने लगता है। इस बात से यह साबित होता है कि जब एक मनोरंजन वाली चीज हमें कुछ ही देर में उबाऊ लगने लगती है तो कोर्स की पुस्तकें हमें बार–बार पढ़ने पर कैसे अच्छी लग सकती है।

इस परेशानी से बचने का सीधा–सा तरीका यही है कुछ देर एक विषय को पढ़ने के बाद हम उसे थोड़ी देर के लिये छोड़ दें। उस समय या तो हम विश्राम कर लें या किसी दूसरे विषय को पढ़ना शुरू कर दें, जो हमें रुचिकर लगता हो। इस तकनीक से हमें हर पढ़ी हुई बात लंबे अरसे तक याद रह पायेगी और परीक्षा में हमारे सफल होने में अधिक–से–अधिक लाभदायक साबित होगी।

कुछ छात्र कई विषयों को इसलिये भी पढ़ना पसंद नहीं करते, क्योंकि उन्हें अपने अध्यापक या उनके पढ़ाने का पुराना ढंग पसंद नहीं आता, लेकिन टॉपर बनने का सपना देखने वाले इस तरह की बातों को अनदेखा करके अपनी हर क्लास में पूरी गंभीरता से उपस्थिति दर्ज करवाते हैं। ऐसी सोच रखने वाले छात्र यह समझते हैं कि हर कक्षा का अपना एक अलग महत्त्व होता है। एक बार यदि किसी क्लास की पढ़ाई हम नहीं करते तो वह ज्ञान हमें दोबारा नहीं मिल सकता।

यह ठीक है कि हम अपने दोस्तों और सहपाठियों से किसी तरह उस दौरान पढ़ाई गई आधी–अधूरी जानकारी तो ले लेंगे, लेकिन जिस तरह अध्यापक विस्तार से व्याख्या करके किसी विषय को समझाते हैं, वह चीज और तरीका हमें कभी भी समझ नहीं आयेगा। इसलिये यदि आप टॉपर बनना चाहते हैं तो हर विषय की हर कक्षा पर यह सोचकर पूरा ध्यान केंद्रित करें कि आप हर बार कुछ नया जानना चाहते हैं। हर विषय को इसलिये भी समझें कि किसी अध्याय की मुख्य बातें क्या है? क्योंकि कल को इसी के आधार पर मुझे परीक्षा में टॉप करना है।

कई छात्र यह शिकायत करते हैं कि परीक्षा से पहले तैयारी तो बहुत की थी, लेकिन परीक्षा देते समय दिमाग बिलकुल खाली हो जाता है। प्रश्न पत्र को देखकर ऐसा लगता है कि जैसे इस विषय के बारे में पहले कभी कुछ देखा–सुना ही नहीं। ऐसा आजकल के छात्रों के साथ इसलिये होता है, क्योंकि वे पढ़ाई करने के साथ ही उस अपना ध्यान किसी और काम में भी लगाए रखते हैं। कभी किसी दोस्त का फोन आ जाता है, कभी कोई रिश्तेदार मिलने आ गया। उस गपशप के माहौल में पढ़ा हुआ कभी भी परीक्षा में काम नहीं आता। इससे बचने का एक ही तरीका होता है कि हर अध्याय की तैयारी लिखकर की जाये। इसके दो फायदे होंगे, एक तो आपकी लिखने की गति

बढ़ जायेगी, दूसरा आपको समय का अंदाज रहेगा कि कौन–सा प्रश्न कितने समय में लिख पाते हैं। टॉपर बनने वाले छात्र भी किसी जादू का इस्तेमाल नहीं करते, बल्कि इसी अभ्यास से अपनी कार्यकुशलता को बढ़ाते हैं।

एक और प्रश्न, जो बहुत सारे छात्र अकसर अपने अध्यापकों से पूछते हैं कि परीक्षा वाले दिन किस तरह से तैयारी करें ताकि अधिक–से–अधिक अंक पाये जा सकें। इस सवाल का जवाब तो वैसे अधिकतर छात्र जानते ही हैं, लेकिन हम एक बार फिर से यह बता देते हैं कि जिस किसी विषय की परीक्षा है, उससे जुड़ी सभी चीजें एक दिन पहले ही तैयार कर लें। परीक्षा से पहले बिलकुल तनावमुक्त होकर नींद जरूर लें। कभी भी जल्दी में या खाली पेट परीक्षा देने मत जायें। इससे परीक्षा में कम और खाने की तरफ अधिक ध्यान रहेगा। प्रश्न पत्र चाहे जैसा भी हो, उसे बड़ी ही तसल्ली से पढ़ें। कभी भी एक–दो प्रश्नों को देखकर घबरायें नहीं। जैसे ही आप प्रश्नपत्र हल करना शुरू करेंगे, आपके मैमोरी बैंक से ज्ञान का खज़ाना आना शुरू हो जायेगा। यहां एक बात का ध्यान रखना जरूरी है, जिस प्रश्न के अधिक अंक हैं उसके बारे में अधिक लिखें और जिस प्रश्न के अंक कम हैं उसे अधिक समय न दें। इससे आप अपने सारे प्रश्न पत्र को एक तय समय–सीमा में पूरा कर पायेंगे।

इसी तरह अभ्यास भी एक ऐसा गुण है, जिससे हम किसी भी कार्य में निपुणता हासिल कर सकते हैं। इसका छोटा–सा उदाहरण हमें सर्कस के कलाकारों को देखकर मिलता है। उनके खतरनाक करतब देखकर हर कोई दांतों तले अंगुलियां दबा लेता है। जिस तरह सर्कस का कोई भी कलाकार जन्म से अपने खेल में निपुण नहीं होता, धीरे–धीरे अभ्यास करके वह अपने गुण को इतना विकसित कर लेता है कि एक आम आदमी से हर किसी का चहेता, फुर्तीला कलाकार बन जाता है। अगर इसी फार्मूले को कोई भी छात्र अपने जीवन में अपना लेता है तो वह भी अभ्यास करते हुए एक साधारण छात्र से टॉपर बनने की राह पर चलने लगता है।

इतना सब कुछ जानने के बाद भी कई छात्र सिर्फ पानी के बहाव के साथ ही चलना पसंद करते हैं। वे कभी भी कुछ नया करने का प्रयास नहीं करते। कुछ भी नया करना, पहली बार जरूर थोड़ा कठिन होता है और उस काम को करने में डर भी लगता है, लेकिन जो नये कार्य को करने में सफल हो जाते हैं, उन्हीं लोगों का नाम इतिहास में दर्ज हो पाता है। परीक्षा में प्रथम

स्थान पाने वाले जानते हैं कि कोई भी विषय कठिन या आसान नहीं होता। यह तो हमारे ऊपर निर्भर करता है कि हम किसी विषय को कितने शौक से पढ़ते हैं या किसी विषय से कितना डरते हैं।

कुछ छात्र पढ़ाई को एक बोझ समझते हुए दुःखी मन से पढ़ते हैं, जबकि जीवन में आगे बढ़ने के लिये पढ़ाई करना दुःख नहीं संघर्ष कहलाता है। हमें यह बात अच्छे से समझनी होगी कि दुख और संघर्ष में बहुत फर्क होता है। दिल लगाकर पढ़ाई करना एक संघर्ष की तरह होता है, न कि दुःख। परीक्षा की तैयारी चाहे किसी भी ढंग से की जाये, हमें एक बात का सदा ध्यान रखना होगा कि केवल बातें करने या योजनाएं बनाने से कभी किसी को सफलता नहीं मिलती, इसी के साथ प्रयास करना भी जरूरी होता है। हमारे जीवन का लक्ष्य जितना बड़ा होगा, उतना ही मुश्किल भी होगा, लिहाजा इसे सिर्फ परिश्रम करके ही संभव बनाया जा सकता है।

पिछले कुछ समय में घोषित परिणामों को देखने से यही समझ आता है कि जिन छात्रों ने अपने सभी विषयों की पुस्तकें पूरी ईमानदारी से पढ़ी हैं, उनके नतीजे दूसरे छात्रों से बहुत बेहतर आए हैं। टॉपर बनने वाले छात्रों का आज भी यही मानना है कि सही मार्गदर्शन और पुस्तकों का अध्ययन करने से ही सफलता पाने के बारे में सोचा जा सकता है।

- दिमाग की ताकत सदा अभ्यास करने से बढ़ती है, आराम करने से नहीं।
- सफलता तभी मिलती है, जब छोटे–से–छोटे प्रयास भी नियमित रूप से किये जायें।
- प्रत्येक जरूरी अध्याय के 'कोडवर्ड' या 'की–वर्ड' बनाकर याद रखने का प्रयास करें।
- टॉपर बनने के लिये सबसे पहले हर विषय को अच्छे से समझना होगा और फिर दूसरों से अच्छा करके दिखाना होगा।
- टॉप करने का जो सपना आप देख रहे हो, उसे और भी बहुत सारे छात्र देख रहे हैं। इसलिये इतनी मेहनत करो कि सबसे अव्वल आ सको।
- वर्तमान में जीना ही जागरूकता है। बुद्धिमान छात्र मानते है कि यदि हमारा वर्तमान अच्छा है तो हमारा भविष्य खुद–ब–खुद अच्छा बन जायेगा।

15. हड़बड़ी में गड़बड़ी

परेशानियां तो हर छात्र के जीवन में आती ही रहती हैं, लेकिन हमें इन समस्याओं का हल भी खुद ही ढूंढने का प्रयास करना चाहिए बजाय खुद को लाचार महसूस करने के। हम अपने आत्मविश्वास की कमी के चलते छोटे–से–छोटे कार्यों के लिये भी दूसरों के ऊपर निर्भर होते जाते हैं।

परीक्षा नजदीक होती है तो कभी कोर्स का पूरा न हो पाना, तो कभी समय की कमी के कारण, कोई–न–कोई मुसीबत हर समय हमारे सिर पर खड़ी ही रहती है, लेकिन परेशानी के समय हड़बड़ी करते हुए चीखने–चिल्लाने से कुछ नहीं होता। अगर मुसीबत के वक्त जिस छात्र ने धैर्य खो दिया तो यह जानो कि सब कुछ खो दिया और जिसने धीरज़ बनाये रखा तो समझो कि उसने सब कुछ पा लिया।

जो छात्र थोड़ी शांति और धैर्य के साथ मुसीबत में डटे रहते हैं, उन्हें कोई–न–कोई हल मिल ही जाता है। आत्मविश्वास और आत्मनियंत्रण रखने वाला हर विद्यार्थी कठिन–से–कठिन परिस्थितियों पर विजय पा ही लेते हैं। अपने आप पर भरोसा रखना और प्यार से दूसरों का सहयोग लेना, इसी का नाम शांति है और यही हर गड़बड़ी होने से रोक सकती है। दूसरी ओर जब आप समय की कद्र करते हुए हर कार्य को करना शुरू करते हैं तो बिना किसी परेशानी के सफलता मिलनी शुरू हो जाती है।

लेकिन क्या हमने कभी यह जानने की कोशिश की है कि हमारे साथ यह हड़बड़ी और गड़बड़ी होती क्यों है? एक पल के लिये मान लो कि हमें अगले दिन सुबह उठकर समय पर अपने स्कूल या कॉलेज पहुंचना है। हम रात को बहुत ही सतर्क होकर सोते हैं। अपनी घड़ी में अलार्म भी लगा देते हैं, लेकिन सुबह उठते समय आलस कर जाते हैं। वैसे भी छात्रों को सुबह एक बार उठकर दोबारा नींद लेने में कुछ अधिक ही

आनंद आता है। इसके बाद जब हमारी आंख खुलती है तो उस समय तक बहुत देर हो चुकी होती है।

हम फिर चाहे कितनी भी जल्दी अपने काम क्यों न कर लें, लेकिन न तो हम ठीक से नाश्ता वगैरह कर पाते हैं और न ही समय पर अपनी कक्षा में पहुंच पाते हैं। हमारा स्वभाव भी एकदम से चिड़चिड़ा होने लगता है। हम बिना वजह ही हर किसी से उलझने लगते हैं। जब हर तरफ गड़बड़ होने लगती है तो हम कहते हैं कि आज हमारा दिन अच्छा नहीं हैं। हमारे किसी भी दिन की शुरुआत अच्छे या बुरे ढंग से कोई और नहीं बल्कि हम खुद ही करते हैं।

हमारी सुबह की एक गलती हमारे अंदर अनेक नकारात्मक विचारों को जगा देती है। इसके बाद हम रात तक न तो सामान्य रूप से पढ़ाई ही कर पाते हैं और न ही अपना कोई दूसरा काम, लेकिन एक मिनट के लिये सोचो कि यदि हम अपने टाइम–टेबल के हिसाब से सिर्फ 10 मिनट पहले उठ जाते तो एक ओर जहां हमारे दिन की शुरुआत अच्छे ढंग से हो सकती थी, वहीं हमारे दूसरे सभी कार्य भी बिना किसी हड़बड़ी के समयानुसार पूरे हो सकते थे।

अपने आसपास यदि हम ध्यान से देखें तो कुछ छात्रों का बहुत ही अज़ीब–सा व्यवहार होता है। वे एक विषय को पढ़ना शुरू करेंगे कि अचानक किसी दोस्त का फोन आ गया और किसी दूसरे विषय के बारे में कुछ बात शुरू हो गई। वे झट से पहले वाली पुस्तक को वहीं छोड़कर नये विषय को पढ़ना शुरू कर देंगे। कई छात्र अपने स्कूल का होमवर्क कर रहे होंगे कि अचानक उनकी नज़र घड़ी की तरफ गई और उन्हें ध्यान आया कि कोचिंग क्लास का समय हो गया है। फिर याद आया कि आज कोचिंग क्लास का काम तो किया ही नहीं। इस हड़बड़ी में वे न तो स्कूल का होमवर्क ठीक से कर पाते हैं और न ही कोचिंग क्लास का।

ऐसे बार–बार उतावलापन दिखाने से न तो हमें ठीक से कुछ याद रह पाता है और न ही हम अपना कोई काम ढंग से पूरा कर पाते हैं। जब तक बहुत जरूरी न हो हमें बार–बार इधर–उधर भटकने से बचना चाहिए। पढ़ना अच्छी बात है, लेकिन इसी के साथ हर छात्र को समय का ध्यान रखते हुए पहले से ही योजना भी बना लेनी चाहिए। योजनाबद्ध तरीके से कोई भी काम जब किया जाता है तो सफलता पाने के मौके बढ़ जाते हैं।

हर नया दिन हमें यह मौका देता है कि हमने जो कुछ कल किया था, आज उससे कुछ नया और बेहतर करने की कोशिश करें। छात्रों का एक वर्ग ऐसा भी है, जो अपना सारा पाठ्यक्रम याद तो कर लेते हैं, लेकिन लिखने का अभ्यास नहीं करते। ऐसे छात्रों को जब तीन घंटे की परीक्षा में बहुत कुछ लिखना पड़ता है तो उनके दिमाग में अजीब–सी खलबली मचने लगती है। इसका एक छोटा–सा उदाहरण इस प्रकार है कि हमें एक वाक्य लिखना था 'छील के खाओ', लेकिन लिखते समय हमने जल्दी में ऐसा लिखा कि परीक्षक को पढ़ते वक्त उसके मायने यह समझ आ रहे हैं कि 'छिलके खाओ'। अब तो आपको भी अंदाजा हो गया होगा कि यदि हम परीक्षा में इस प्रकार की गलतियां करते हैं, तो परीक्षक हमें अच्छे अंक कहां से देगा।

परीक्षा की तैयारी करते समय हमें पढ़ाई के साथ–साथ अपनी लिखाई की ओर भी विशेष ध्यान देने की जरूरत होती है, क्योंकि यदि हमारी लिखावट में थोड़ी भी गड़बड़ी हो तो हमारे लिखे हुए प्रश्नों के मायने ही बदल जाते हैं। इसका एक छोटा–सा उदाहरण इस प्रकार है। एक बार भारत बंद की घोषणा हुई। पार्टी के अध्यक्ष ने एक कार्यकर्ता को यह संदेश सभी लोगों तक पहुंचाने के लिये कहा कि 'कल भारत को बंद रखा जायेगा'। उस कार्यकर्ता ने यही संदेश इस प्रकार से लिख दिया कि 'कल भारत को बंदर खा जायेगा'। आप इस छोटी–सी भूल से अंदाजा लगा सकते हैं कि अध्यक्ष क्या कहना चाहता था और कार्यकर्ता ने क्या लिख डाला। यदि हम भी परीक्षा में कुछ ऐसी ही गलती करके आते हैं, तो फिर अच्छे अंक मिलना तो दूर, पास होना भी मुश्किल हो जायेगा।

हर दिन कुछ–न–कुछ लिखकर अभ्यास करने से एक ओर जहां हमारी लिखने की गति में वृद्धि होती है, वही लिखावट में भी सुधार हो जाता है। इस अभ्यास का एक और लाभ यह भी है कि हमें वह विषय बहुत लंबे समय तक याद रहता है। अपने ही लिखे हुए को जब हम पढ़ते हैं तो हमें अपनी बहुत सारी गलतियों के बारे में मालूम पड़ता है। अपनी गलतियों को कबूल करना आसान तो नहीं होता, लेकिन जो छात्र अपनी गलतियों को स्वीकार करते हुए इनमें सुधार कर लेते हैं, उनका भविष्य बहुत ही उज्ज्वल बन जाता है।

यह जानते हुए भी कि ज़िंदगी कभी किसी के लिये नहीं रुकती, कुछ बनने और कुछ बड़ा पाने के लिये बहुत कुछ छोड़ना पड़ता है। हम अपने

स्वभाव को नहीं बदलते, फिर चाहे हमें उसकी कितनी भी भारी कीमत क्यों न चुकानी पड़े। यहां आपको एक ऐसे छात्र का किस्सा बताते हैं, जो पढ़ाई तो दूसरे छात्रों से अधिक करता है, लेकिन अपना कोई भी काम व्यवस्थित ढंग से नहीं करता। ऐसे छात्रों का परीक्षा के समय क्या हश्र होता है आप खुद ही देख लीजिए।

परीक्षा के दौरान शिक्षक ने एक ऐसे ही विद्यार्थी से पूछा कि क्या बात है तुम बहुत परेशान लग रहे हो? क्या पैन वगैरह कुछ घर पर भूल आये हो? उस छात्र ने बेचैनी से जवाब दिया– "भूला तो कुछ नहीं, मैं गलती से कल के पेपर की तैयारी आज कर आया हूं।" अध्यापक ने हौसला देते हुए कहा कि घबराओ मत, जो कुछ भी याद है, उसे लिखने की कोशिश करो, सब ठीक हो जायेगा। छात्र ने जब पेपर में लिखने का मन बनाया तो उसे ध्यान आया कि मैं तो हड़बड़ी में अपना पैन लाना भी भूल गया हूं। उसने डरते–डरते शिक्षक से कहा कि जरा अपना बॉल पैन देना। शिक्षक ने पैन पकड़ाते हुए कहा– "यह लो, बहुत अच्छा चलता है।" छात्र ने पेपर को उलट–पलट करते हुए कहा– "सर, मुझे चलने वाला नहीं लिखने वाला पैन चाहिए।" उसकी बात सुनकर शिक्षक महोदय ने उससे कहा कि जहां इतनी फालतू की बातों में समय बर्बाद करते हो, वहीं अगर ढंग से परीक्षा की तैयारी की होती तो आज इन सभी गड़बड़ियों से बच सकते थे।

तेज–तर्रार ज़िंदगी में छात्र हर काम को बहुत ही तेजी से करना चाहते हैं। आज के छात्र तो अध्यापकों से यही उम्मीद करते हैं कि कुछ ऐसा शॉर्टकट रास्ता निकाल दें, जिससे बिना मेहनत और समय बर्बाद किये ही हम अच्छे अंक पाकर टॉपर बन जायें। हर दिन कक्षा में नई–नई बातों को पढ़ने और सीखने के चलते विद्यार्थियों का मस्तिष्क अन्य वर्ग के लोगों से काफी तेज़ दौड़ता है। यहां जरूरत इस बात की होती है कि उचित मार्गदर्शन और अनुशासन में रहते हुए ही अपने सभी कार्य करें ताकि जोश में होश न खो बैठें। परीक्षा में अच्छे अंक पाने वाले छात्र यह भूल कभी नहीं करते कि किसी विषय का कोई अध्याय थोड़ा–सा पढ़ने के बाद इसलिये बीच में छोड़ दें कि यह तो उन्हें पहले से ही आता है। जबकि हड़बड़ी में परीक्षा की तैयारी करने वालों को ऐसे किसी अध्याय को बीच में ही छोड़ देने जैसी छोटी–छोटी गलतियों से बहुत नुकसान हो जाता है।

परीक्षा में जब हमारे सामने एक ही सवाल 20 अंक का आ जाता है तो हमारे पास लिखने के लिये चंद लाइनों के सिवाय कुछ नहीं होता। ऐसे में परीक्षक हमें नंबर देना भी चाहे तो कहां से देगा। यही कारण होता है कि एक ही कक्षा में पढ़ने वाले एक छात्र को किसी एक विषय में 80 से 90 प्रतिशत अंक मिल जाते हैं तो दूसरे छात्र को 50 प्रतिशत अंक भी नहीं मिल पाते।

ऐसे छात्रों के लिये यही सलाह है कि ये सभी लोग हमें राह तो दिखा सकते हैं, लेकिन मंजिल हमें खुद ही तय करनी पड़ती है। सही राह पर चलने के लिये यह भी जरूरी है कि हमारे पास संपूर्ण और सही जानकारी हो। किसी भी नये रास्ते पर चलने से पहले उसके नक्शे को अच्छे से समझना जरूरी होता है ताकि हम सभी विकल्पों का आकलन कर सकें। अब इन विकल्पों को अपनाकर हम जहां मानसिक तनाव झेलने से बच जायेंगे, वहीं कामयाबी के नए शिखर को छूना भी आसान हो जाता है। इतना तो हम जानते हैं कि पढ़ाई के क्षेत्र में अपनी अलग पहचान बनाने वाले छात्र अपने जीवन को बहुत हद तक सरल और सादा रखते हैं, लेकिन वे टॉपर बनने के और कौन–कौन से गुर अपनाते हैं, उन्हें भी जानने की कोशिश कर ही लेते हैं।

- हड़बड़ी के कारण कुछ विद्यार्थी केवल इसलिये दुःखी रहते हैं, क्योंकि वे करते कुछ और हैं, बताते कुछ और हैं, और सोचते कुछ और हैं।
- बहुत सारे छात्र अकसर यह चिंता करते हैं कि कल क्या होगा? जबकि चिंता यह करनी चाहिये कि जो कुछ आज कर रहे हैं, उसका नतीजा कल क्या होगा?
- परीक्षा में प्रश्न पत्र हल करने से पहले हमें उसे बड़े ही ध्यानपूर्वक पढ़ना चाहिए, क्योंकि हड़बड़ी करने से हम सब कुछ जानते हुए भी ठीक से परीक्षा में जवाब नहीं लिख पाते।
- परीक्षा के दौरान अपने विषय के साथ–साथ हमें अपनी लिखाई पर भी पूरा ध्यान देना चाहिए, अच्छी लिखावट भी अच्छे नंबर प्रदान करने में सहायक होती है।
- परीक्षा में अपने विषय के साथ–साथ भाषा का ज्ञान रखना अच्छी बात है, लेकिन इसी के साथ आशा का दामन कभी नहीं छोड़ना चाहिए।

16. कैसे रहें दूसरों से आगे

कोई छात्र आपस में चाहे कितने भी अच्छे दोस्त क्यों न हों, लेकिन जब परीक्षा में आपसी संघर्ष, प्रतिस्पर्धा की बात आती है तो हर कोई दूसरों से आगे रहना चाहता है। ऐसा हम शायद इसलिये भी करते हैं, क्योंकि दूसरे छात्र भी हमारी कदर तभी करते हैं जब हम कुछ खास प्रतिष्ठा हासिल करके दिखाते हैं। कुछ समय पहले तक सीधी–सादी ज़िंदगी चलती थी, लेकिन आज हर किसी ने धीरे–धीरे चलना छोड़कर दौड़ना शुरू कर दिया है और हर कोई इस दौड़ में सबसे आगे रहना चाहता है।

इसलिये हर छात्र किसी दूसरे की जय बोलने से पहले अपनी जय–जयकार करवाना चाहता है। हम यह तो नहीं कह रहे कि छात्र प्रतिस्पर्धा के चलते आपस में साम, दाम, दंड, भेद आदि की नीति अपना रहे हैं, परंतु स्पर्धा के इस दौर में छात्रों के बीच दूसरे से आगे निकलने की होड़ जरूर मची हुई है। छात्रों में टॉपर बनने की होड़ इसलिये भी अधिक होती है, क्योंकि एक–दो छात्रों को छोड़कर बाकी के सभी विद्यार्थियों को तो टॉपर बनाया नहीं जा सकता।

आज की तारीख में हर छात्र के पास एक से बढ़कर एक सुख–सुविधाएं उपलब्ध हैं। यदि कुछ छात्रों को छोड़ दें, तो अधिकतर छात्रों के अभिभावकों के पास पैसे की कोई कमी दिखाई नहीं देती। इस तरह के माता–पिता अपने बच्चों को हर समय दूसरों से आगे रखने के लिये कुछ भी करने को तैयार रहते हैं।

ऐसे हालात में विचार करने की बात यह है कि हम दूसरे छात्रों से आगे कैसे रह सकते हैं। दूसरों से आगे रहते हुए टॉपर बनने की प्रेरणा कहां से लें। इसके लिये आपको कहीं भी जाने की जरूरत नहीं। कोई बड़े–बड़े ग्रंथ पढ़ने की भी आवश्यकता नहीं हैं। आप कहेंगे कि फिर यह सब कुछ कैसे मुमकिन हो पायेगा। इस परेशानी का हल हम आपको बताते हैं।

आपको अपना बचपन और उस समय की शरारतें तो जरूर याद होंगी। यदि शरारतें याद हैं तो बचपन की जिद्द भी जरूर याद होगी। जब भी किसी दूसरे बच्चे के पास कोई नया खिलौना देखते थे तो उसे पाने की जिद्द उस समय तक जारी रहती थी जब तक वह हमें मिल नहीं जाता था। यही जिद्द वाली सोच आज अगर हम पढ़ाई के मामले में अपना लें तो इसी की बदौलत हम दूसरे छात्रों से आगे निकल सकते हैं। इसी बात को और आसान तरीके से आपको बताते हैं कि दूसरों से आगे रहने के दो और तरीके हैं। पहला यह कि आप जो कोई भी काम करते हो, उसे दूसरों से बेहतर करना और दूसरा अपना हर काम दूसरों से अलग तरीके से करना सीख लो। यह छोटा–सा फार्मूला अपनाते ही आप सदा दूसरों से आगे रह पायेंगे।

अब हम बात करते हैं दूसरे छात्रों से आगे रहकर टॉपर बनने की। किसी भी छात्र से पूछ लो कि क्या वह अपनी कक्षा में सबसे आगे रहना चाहता है, तो हर किसी का जवाब 'हां' में ही होगा, लेकिन जब इन छात्रों से यही पूछा जाये कि आपने इसके लिये क्या–क्या तैयारी की है? इस सवाल का अधिकतर छात्रों के पास यही जवाब होगा कि उसके लिये तो हमने अभी सोचा नहीं या कोई तैयारी शुरू नहीं की।

आज के सभी छात्र बहुत ही होशियार और बुद्धिमान हैं। सभी के अंदर ताकत और हिम्मत का अनमोल खज़ाना छिपा हुआ है, लेकिन बहुत कम छात्र ऐसे होते हैं, जो उस अनमोल खज़ाने को ढूंढने का प्रयास करते हैं और उसका सही समय पर सदुपयोग करते हुए सबसे आगे रहते हैं। दूसरों से आगे रहने के लिये जरूरी है कि दूसरों से अधिक मेहनत करो, दूसरों से अधिक ज्ञान पाने की कोशिश करो, लेकिन दूसरों से उम्मीद कम रखो।

कक्षा में सदा सबसे आगे रहने वाले बुद्धिमान और होशियार छात्रों से बातचीत करके हमने यह जानने की कोशिश की कि उनकी इस सफलता का क्या रहस्य है? टॉपर बन चुके छात्रों ने बताया कि हमारा स्कूल–कॉलेज चाहे जैसा भी हो, उससे कुछ खास फर्क नहीं पड़ता। हमारे अध्यापक हमें किस तरह से पढ़ाते हैं, यह बात भी ज्यादा मायने नहीं रखती। यदि हमें दूसरे छात्रों के मुकाबले अपनी अलग पहचान बनानी है, तो हमें खुद हर विषय को बहुत गहराई से समझना होगा।

किसी भी विषय के बारीक–से–बारीक पहलू को भी नज़रअंदाज नहीं करना चाहिए। इसी के साथ यह भी जरूरी होता है कि जब तक बहुत मजबूरी न हो, हमें एक भी कक्षा छोड़नी नहीं चाहिए। इस तरह जब हम हर विषय के बारे में विस्तार से जान लेते हैं तो फिर कोई भी परीक्षा हो, हमें पास करने में कोई कठिनाई नहीं आती। स्कूल–कॉलेज में प्रथम स्थान पाने का ख्वाब देखने वाले भी अपने शिक्षक की हर छोटी–से–छोटी बात छात्र बड़ी ही एकाग्रता से सुनते हैं ताकि घर में परीक्षा की तैयारी करते समय वे उस अध्याय को दोहरा सकें, जिससे सारा अध्याय जल्द ही याद हो जाता है।

वैसे तो हर छात्र का पढ़ाई करने का अपना एक अलग तरीका होता है। कुछ अपनी किताबों से सारा कोर्स पढ़कर याद करने को अच्छा समझते हैं तो कुछ अपने हाथ से नोट्स बनाने को प्राथमिकता देते हैं। दूसरे छात्रों से आगे रहकर प्रथम आने वाले कुछ छात्रों का अनुभव यह कहता है कि कक्षा में पढ़ते समय जो काम लिखा जाता है, परीक्षा में वह सबसे अधिक मददगार होता है। उसे पढ़ते ही अध्यापक द्वारा पढ़ाई गई हर बात याद आने लगती है। इसी तरह कई विद्यार्थियों को जब किसी विषय को समझने में कठिनाई आती है, तो वे अपने सहयोगियों के साथ विचार–विमर्श करके उसे हल करना ज्यादा बेहतर समझते हैं। हालांकि ऐसे छात्र लगातार अपने दोस्तों के साथ बैठकर पढ़ने को अच्छा नहीं मानते। क्योंकि उन्हें यह डर रहता है कि पढ़ाई के साथ अगर कही गपशप शुरू हो गई तो इससे हमारा बहुमूल्य समय खराब हो सकता है।

दूसरे छात्रों से आगे रहने के लिये हमें अपने पाठ्यक्रम और कोर्स के बारे में अच्छे से पूरी जानकारी रखनी चाहिए। यदि भूल से भी इसमें कोई भूल हो जाये तो वह भूल बहुत महंगी पड़ती है। दूसरों से आगे रहने वाले चाहे अपने स्कूल–कॉलेज़ में पढ़ाई कर रहे हों या अपने घर पर बैठकर उन्हीं अध्यायों को दोहरा रहे हो, वे सदा अपनी सोच सकारात्मक रखते हैं, क्योंकि वे जानते हैं कि जिस प्रकार एक माचिस की तीली लाखों पेड़ों को जला देती है, उसी प्रकार एक नकारात्मक विचार हमारे भविष्य को तबाह कर सकता है।

नतीजा आने पर जब कोई करीबी दोस्त टॉपर बन जाता है तो हम अकसर यह बात कह देते हैं कि यह सब तो किस्मत का खेल है। किस्मत वाले विद्यार्थी ही सदा सबसे आगे रह सकते हैं। हम सभी जानते हैं कि किस्मत किसी के हाथ में नहीं होती, लेकिन हम इस बात को क्यों भूल जाते

हैं कि मेहनत तो हमारे हाथ में है और मेहनत से हर कोई अपनी किस्मत बदल सकता है। इसलिए टॉपर बनने के सपने देखने वाले अपनी किस्मत पर नहीं, अपनी मेहनत पर विश्वास करते हैं। दूसरों से आगे रहने की प्रतियोगिता सदा ही अच्छे परिणाम देती है बशर्ते कि कोई छात्र इसे अपने अहंकार का विषय न बना ले। जो छात्र खुद को संतुलित रखते हुए आगे बढ़ते हैं, वे हर दिन बहुत कुछ नया सीख सकते हैं।

सफल होने वाले छात्र जब कभी किसी विषय को लेकर दुविधा में होते हैं, तो वे उसके समाधान के लिये अपने अध्यापक से बात करते समय उसकी आंखों में देखते हैं। जब अध्यापक उन्हें उनके प्रश्न का जवाब दे रहे होते हैं, तो वे सिर्फ उनके मुख की ओर देखते हैं। इस तरह से की गई बातचीत हमेशा के लिये याद रह जाती है।

ध्यान से सुनी गई बातें हमें न सिर्फ परीक्षा में मददगार होती हैं, बल्कि उसके बाद भी हमारे बहुत काम आती हैं। जब हम अपने शिक्षक की बातें ध्यान से सुनते हैं तो उससे हमारे ज्ञान में वृद्धि होने के साथ अध्यापक के ऊपर भी अच्छा प्रभाव पड़ता है कि उनके द्वारा कही गई हर बात को छात्र पूरा महत्त्व दे रहे हैं। इस व्यवहार से वे भी हमें दूसरे छात्रों के मुकाबले में अच्छे तरीके से पढ़ाने का प्रयास करते हैं।

किसी भी एक अध्याय को एक साथ याद करने की बजाय छोटे–छोटे भागों में बांटकर आसानी से याद किया जा सकता है। कुछ छात्रों का यह मानना है कि सिर्फ देर रात तक पढ़कर ही अच्छे अंक हासिल किये जा सकते हैं, लेकिन सच्चाई बिलकुल इसके उलट है।

आज की पढ़ाई साधारण पढ़ाई नहीं रह गई है। हर विषय को पढ़ने और समझने के लिये अलग तकनीक अपनानी पड़ती है। एक ओर जहां हमें हिंदी, अंग्रेजी, इतिहास आदि को बार–बार दोहराकर याद करना पड़ता है। वहीं गणित और विज्ञान जैसे विषयों को दोहराने की बजाय उनके फार्मूलों को समझने की जरूरत होती है। यहां हर छात्र को एक बात का ध्यान रखना चाहिए कि गणित जैसे विषय का अभ्यास करते समय हमें एक ही प्रश्न को बार–बार हल करने की बजाय उसी फार्मूले से अलग–अलग कई प्रश्न हल करने की कोशिश करनी चाहिए। इससे जहां हमारा दिमाग हर बार नये तरीके से सोचेगा, वहीं उसे हर बार नई अड़चनों से जूझना पड़ेगा। नतीजतन

इस अभ्यास से हमारे दिमाग में ये सारी बातें इतने अच्छे से बैठ जायेंगी कि परीक्षा में चूक होने का कोई मौका ही नहीं बचता।

कोई अध्यापक जब किसी होनहार छात्र को उसकी किसी कमी के बारे में बताते हैं, तो वह उस बात का बुरा मानने की बजाय और अधिक दृढ़ता और मजबूती से उस कमी को दूर करने का प्रयास शुरू कर देता है। जो इस नियम के साथ चलते हैं, भाग्य भी उन्हीं का साथ देते हुए उन्हें टॉपर बना देता है।

बुद्धिमान और दूसरों से आगे रहने वाले छात्र अपनी परीक्षा की तैयारी करते समय जिस प्रश्न को हल कर रहे होते हैं, उस समय वे अन्य सभी प्रश्नों को भूलकर सिर्फ उसी प्रश्न पर अपना सारा ध्यान केंद्रित रखते हैं। ये हर दिन अपने लिये अपने अध्यापक से कोई–न–कोई नया टेस्ट पेपर बनवाकर उसे निध ारित समय–सीमा में हल करने का प्रयास करते हैं। उसके बाद अभ्यास करने के लिये अपनी उत्तरपुस्तिका को जांचकर मूल्यांकन भी करते रहते हैं।

दूसरों से आगे रहकर टॉपर बनने के लिये वैसे तो बहुत सारी चीजों की जरूरत होती है, लेकिन मुख्य तौर से मन को भटकाने से बचाना है ताकि एकाग्रचित होकर पढ़ाई की जा सके। हमें हर उस जगह से दूर रहना चाहिए, जो हमें पढ़ाई के साथ–साथ हमारे लक्ष्य से दूर करती हो। जब एकाग्रचित होकर कोई भी पढ़ाई में मन लगाता है तो फिर उसे सफल होने से कोई नहीं रोक पायेगा।

आजतक दुनिया में जितने भी सफल इंसान हुए हैं, वे कभी–न–कभी जरूर असफल भी हुए हैं। असफलता ही हमें सफलता की ओर जाने की राह दिखाती है। इसलिये कभी–कभार असफलता से मुलाकात हो भी जाए तो भी घबराने की जरूरत नहीं, बल्कि इसे एक चुनौती के रूप में स्वीकार करें। यदि आप अपने किसी प्रयास में असफल होते हैं, तो इसका सीधा–सा अर्थ यही है कि अभी आपके प्रयासों में कुछ–न–कुछ कमी बाकी है। एक बार इनको दूर करने का संकल्प ले लो, फिर देखो सफलता कैसे दौड़कर आपके कदम चूमती है।

विद्वान लोग सच ही कहते हैं कि संकल्प शक्ति ही सबसे बड़ी शक्ति होती है। दूसरी ओ सफलता का इंतजार करने वालों को यह भी समझना होगा कि आज तक यह कभी किसी के पास चलकर नहीं गई। जिस किसी ने भी इसे पाया है, उसे खुद ही इसके पास जाने के लिये प्रयास करने पड़ते हैं। इसके पास जाने का रास्ता भी एक मात्र हमारी मेहनत और दृढ़ संकल्प से किये हुए हमारे कर्म ही होते हैं।

सफल रहने वाले छात्र बताते हैं कि छोटी–छोटी बातों से भी प्रेरणा ली जाती है कि मुझे अभी और पढ़ना है, मुझे टॉपर बनना है। कुछ छात्रों को परिवार और दूसरे लोगों का सहयोग मिल जाता है, कुछ छात्रों को यह भी नसीब नहीं हो पाता, लेकिन मन में कुछ कर गुजरने की लगन रखने वाले जानते हैं कि अभाव के प्रभाव से प्रभावित हुए बिना भी यदि किसी छात्र में आगे बढ़ने का जज्बा है तो वह छात्र बहुत कुछ कर सकता है।

किसी भी दौड़ में खुद को सदा आगे रखने वाले अपने अतीत और भविष्य की गिरफ्त में आए बिना कोशिश करते हुए वर्तमान में सक्रिय रहते हैं। कई बार इनके सामने भी ऐसे पल आ जाते हैं, जब इन्हें लगने लगता है कि अब कुछ नहीं हो पायेगा। जब भी इनकी हिम्मत टूटने लगती है, उस समय नये जोश के साथ अपने आत्मविश्वास और साहस का परिचय देते हैं। इस तरह के विचारों से ऐसे छात्रों के अंदर एक नई उमंग–तरंग का संचार होने लगता है।

दूसरों से आगे रहने वाले छात्र पढ़ाई करते समय दोस्तों को भूलकर अपना सारा ध्यान सफलता पर केन्द्रित रखते हैं। वे कभी भी अपने दोस्तों को खुश करने के लिये अपनी पढ़ाई को अनदेखा नहीं करते। ऐसे छात्र यह जानते हैं कि हमारे दोस्त हमें अच्छे अंक नहीं दिला सकते। जबकि अच्छे अंक हमें बहुत सारे अच्छे दोस्तों से मिलवा सकते हैं। हम उम्मीद करते हैं इन सभी विचारों को समझने के बाद आप भी सदा दूसरों से आगे रहते हुए टॉपर जरूर बन पायेंगे।

- जो छात्र हर समय केवल बोलना जानते हैं, वे कभी भी ज्ञान हासिल नहीं कर पाते, क्योंकि ज्ञान सिर्फ श्रोता ही हासिल कर सकते हैं।
- एक नकारात्मक विचार हजारों सपनों को जलाकर राख कर सकता है, इसलिये टॉपर बनने वाले सदैव अपने मन में सकारात्मक भाव ही रखते हैं।
- जब तक हम दूसरों से मिलने वाली चुनौतियों को स्वीकार नही करते, तब तक दूसरों से आगे रहकर सफलता पाना मुमकिन नहीं हो पाता।
- अगर कोई छात्र टॉपर बनने जैसी अच्छी फसल की उम्मीद रखता है, तो उसे अपने कर्म रूपी उस बीज की भी जांच अच्छे से कर लेनी चाहिए, जो वह आज बो रहा है।
- जब भी परीक्षा देने जायें, मन में यह विश्वास लेकर जायें कि आप सबसे अच्छे विद्यार्थी हैं और आप टॉपर बनेंगे। मन की यही जीत सफलता की कुंजी बन जाती है।

17. प्रेरणा के स्रोत

एक छात्र ने अपने दोस्त अमन को उदास देखकर पूछा कि क्या बात है बहुत परेशान लग रहे हो? उसने जवाब दिया– "आज मेरे पापा ने सुबह–सुबह बहुत बेइज्जती कर दी। जब उस छात्र ने पूछा कि आज़ तेरे पापा ने आखिर ऐसा क्या कह दिया, जो तू इतना दुःखी हो रहा है।" अमन ने बताया– "आज उन्होंने मुझे अपने पास बुलाकर पूछा कि क्या तुम्हारा दिल–दिमाग काम करता है?" मैंने कहा– "जी हां।" फिर उन्होंने पूछा कि क्या किडनी और लीवर भी काम करते हैं। मैंने कहा– "जी अगर वे काम नहीं करते होते तो मैं चल–फिर कैसे सकता था।"

इस पर मेरे पापा ने कहा– "अगर तुम्हारे सभी अंग काम करते हैं तो फिर तुम कुछ काम क्यों नहीं करते? सारा दिन सोते क्यों रहते हो? मैं आज एक बात तुम से कहना चाहता हूं जो शायद तुम्हारी समझ में आ जाये। आज मैं तुम्हें सिर्फ तीन सुनहरी अक्षर कहूंगा।" मैं यह सुनकर खुश हो गया कि पापा शायद मेरे लिये कुछ अच्छा कहने वाले हैं, लेकिन मेरे पिता ने कहा कि अब तो परीक्षा शुरू होने वाली है, अब तो 'सुधर जा नालायक'। उस छात्र ने कहा कि तुम्हारे पिता ने कुछ गलत तो नहीं कहा। अब परीक्षा को समय ही कितना बचा है, आख़िर अब भी तू पढ़ाई शुरू नहीं करेगा तो कब करेगा।

आगे अमन ने कहा– "यार, कोशिश तो मैं भी बहुत करता हूं, लेकिन मुझे समझ नहीं आता कि पढ़ाई कैसे शुरू करूं। मेरा मतलब है कि मुझे अभी तक यही नहीं मालूम कि मुझे बड़ा होकर बनना क्या है? उसके मित्र ने कहा कि तुम्हारे घर में सभी लोग अच्छे पढ़े–लिखे हैं, तू उन सभी से सलाह क्यों नहीं करता।"

अमन ने जवाब दिया– "मेरी मम्मी स्कूल में शिक्षिका हैं, उनकी तनख्वाह है बीस हज़ार रुपये। मेरे पापा डॉक्टर हैं, वे तकरीबन महीने का

70–80 हजार रुपये कमा लेते हैं। मेरे चाचा इंजीनियर हैं, वे एक बड़ी कम्पनी में नौकरी करते हुए एक लाख रुपये कमा लेते हैं। मेरे दादा एक बहुत बड़े सरकारी अफसर हैं, उनका वेतन है 1.5 लाख रुपये, लेकिन दूसरी ओर हमारी कॉलोनी में एक ढोंगी बाबा है, जो कि बिलकुल अनपढ़ है और उसकी कमाई कई लाखों में है। इसी के साथ हमारे इलाके का नेता तो करोड़ों में खेलता है। अब तू ही बता कि मैं किससे प्रेरणा लूं।"

अमन के दोस्त ने कहा– "यह सच है कि ज़िंदगी में हम जो कुछ चाहते हैं वह आसानी से नहीं मिलता, लेकिन यह भी सच है कि हम भी तो वह सब कुछ चाहते हैं, जो आसानी से हासिल नहीं किया जा सकता। तू अगर जीवन में सचमुच कुछ करना चाहता है, तो सबसे पहले अपने इस बुझे हुए मन को हिम्मत करके उठा, क्योंकि हारकर बैठने से आगे नहीं बढ़ा जा सकता।

जीवन में चाहे किसी भी तरह की परीक्षा हो, उससे निपटने का एक ही तरीका होता है कि अपने लिये अपने अंदर से ही कोई प्रेरणास्रोत पैदा करें, जो तुम्हें हर समय इतनी ताकत और हिम्मत दे कि तुम्हें कोई भी चीज़ फिर पढ़ाई करने से विचलित न कर पाये। साथ ही खुद से यह पूछो कि आख़िर तुम क्या बनना चाहते हो? फिर वह सब कुछ करो जो तुम्हारे लिए जरूरी हो।"

इस पर अमन ने कहा– "यही तो मुझे समझ नहीं आता कि आखिर प्रेरणा कैसे और कहां से ली जाती है? मैं तो आज तक नहीं समझ पाया कि हमारे साथी टॉपर कैसे बन जाते हैं।" उसके मित्र ने इस सवाल का जवाब देते हुए कहा कि प्रेरणा किससे लें, कहां से लें, ये कुछ ऐसे सवाल हैं जो हर छात्र के मन में कभी–न–कभी जरूर उठते हैं। जहां तक मैं समझता हूं कि प्रेरणा लेने या देने के लिये अभी तक न तो कोई यंत्र बना है और न ही इसका उत्तर कोई ज्योतिषी हमारी जन्मपत्री या हाथ की लकीरें देखकर दे सकता है। मेरे दोस्त, प्रेरणा लेने के लिये सबसे पहले हमारे अंदर प्रेरणा पाने की इच्छाशक्ति होनी चाहिए। इसी के साथ यह भी समझ ले कि प्रेरणा और प्रतिभा एक ही चीज़ है।

प्रेरणा तो प्रेरणा होती है, जो हमें असफलता से सफलता की ओर ले जाये वही प्रेरणा हमारे लिये सबसे अधिक महत्त्वपूर्ण होती है। तू अगर सच में प्रेरणा लेना चाहता है तो बहती हुई नदी से ले सकता है। जिसके रास्ते में हज़ारों अड़चनें आती हैं। कभी उसे रेत सोखती है, कभी सूर्य की गर्मी उसे

सुखाती है, कभी रास्ते के पत्थर अड़चन बनते हैं, लेकिन वह फिर भी उस समय तक नहीं रुकती जब तक वह समुद्र में नहीं समा जाती। समुद्र की लहरें भी हम सभी को यही सिखाती हैं कि कभी भी समस्याओं से डरने की जरूरत नहीं होती। वह बार–बार गिरकर पुनः उस समय तक उठकर आगे बढ़ती रहती है, जब तक वह अपनी मंजिल तक नहीं पहुंच जाती।

छात्र यदि दिल से अपनी जिम्मेदारी को समझने की प्रेरणा लेना चाहें तो अपने देश के फौजियों से ले सकते हैं। हमारे फौजी चाहे बॉर्डर पर ड्यूटी कर रहें हो या किसी और मुश्किल घड़ी में देशवासियों की सेवा, वे हर किसी को एक संदेश हर समय देते रहते हैं कि 'हमेशा कर्तव्य सबसे पहले'। हम भी जब तक छात्र हैं, हमारे पास एक ही काम है पढ़ाई करना। हमें चाहिए कि हम भी अपनी प्राथमिकताओं में सबसे आगे अपनी पढ़ाई को ही रखें। एक बार जिस छात्र ने अपने शुरू के चंद साल पढ़ाई को समर्पित कर दिये, वह फिर बाक़ी की सारी उम्र आराम से गुज़ार सकता है।

जिन छात्रों के मन में टॉपर बनने की सच्ची लगन होती है, वे प्रेरणा कहीं से भी ले सकते हैं। हमारे चारों ओर इतना सब कुछ है, जिसे हम ध्यान से देखें तो हर मुश्किल से मुकाबला करना आसान हो सकता है।" अमन ने कहा– "मैंने तो सुना था कि प्रेरणा पाने के लिये हमें कोई–न–कोई अपना रोल मॉडल बनाना होता है। जिसकी सफलता को देखकर हम उस जैसा बनने के लिये प्रेरित होते हैं।"

मित्र ने अमन को समझाया– "तू ठीक कह रहा है, लेकिन कभी किसी कामयाब नेता को देखकर हम उस जैसा बनने की कोशिश करते हैं, पर कुछ ही दिनों बाद उसकी बातें हमें भूलने लगती हैं। फिर किसी फिल्म स्टार की फिल्म हिट हो जाती है तो हमें वह प्रभावित करने लगता है। कभी किसी छात्र का नतीजा आता है और वह अपने कॉलेज़ में टॉपर बन जाता है, फिर हम उससे प्रेरित होने लगते हैं। यह सब कुछ हमारे साथ इसलिये होता है, क्योंकि हम लोगों के मन में हर समय सैकड़ों विचार चलते रहते हैं। ऐसे में कोई एक खास व्यक्ति या चीज़ हमें अधिक समय के लिये प्रेरित नहीं कर पाती।

प्रेरणा पाने के लिये किसी और को देखने की बजाय खुद अपने अंदर झांको और कोशिश करो कि जो कुछ कल किया था, उससे आज बेहतर कर

सको। किसी भी बड़े कार्य को अंजाम देने के लिये महान लोगों की तरफ देखना जरूरी नहीं होता, बल्कि आप अपना काम इस तरह से करो कि वे तुम्हें महान बना दें। हमारे विचार ही असल में हमारी ज़िंदगी को प्रभावित करते हैं। यदि नकारात्मक विचार हमें कभी किसी काम को करने से रोकते हैं तो वही सकारात्मक विचार हमारे लिये प्रेरणा के स्रोत बन जाते हैं।

हमारे विचारों का सिर्फ हमारे दिलो–दिमाग पर ही नहीं, हमारे शरीर पर भी प्रभाव पड़ता है। हमारे आसपास के हालात हमारी सोच के अनुसार बदलते रहते हैं। हमारा नज़रिया हमें एक ओर यदि बहुत कुछ दे सकता है, तो इसी के साथ यह हमसे बहुत कुछ छीन भी सकता है। इतना तो तूने भी कई बार देखा होगा कि हर समय नकारात्मक बातें सोचने वाले अकसर बीमार रहने लगते हैं। हमारे विचारों में कितनी ताकत होती है इसके लिये मैं तुझे एक कहानी सुनाता हूं।

एक तालाब में बहुत सारे मेढक रहते थे, धीरे–धीरे वहां सारा खाना खत्म हो गया। उन सभी मेढकों ने इस विषय पर चर्चा करने के लिये एक सभा बुलाई कि अब खाने का कैसे इंतजाम किया जाये। सभी मेढकों ने अपनी–अपनी बुद्धि अनुसार सुझाव दिये, लेकिन किसी की भी बात से खाने की समस्या का हल नहीं मिल रहा था। इतने में एक मेढक ने सलाह दी कि हम सामने वाली पहाड़ी पर चलते हैं। वहां सभी को बहुत सारा खाना मिल जायेगा।

सभी मेंढकों ने एकसाथ शोर मचाते हुए कहा कि वह पहाड़ तो बहुत ऊंचा है। हम छोटे–छोटे मेढक इतना ऊपर कैसे जा सकते हैं? सभी मेढक इस विचार को लेकर आपस में बुरी तरह से उलझ गये। इतने में जिस मेढक ने पहाड़ पर चढ़ने की राय दी थी, वह पहाड़ की चोटी पर जा पहुंचा। कुछ ही देर बाद वह पेट–भर खाना खाकर वापिस लौट आया। उसने अपने सभी दोस्तों को बताया कि वहां पहाड़ पर तो बहुत अच्छा खाना मौजूद है।

दूसरे सभी मेढकों ने हैरान होकर उससे पूछा कि तुम अकेले इतनी ऊपर कैसे चढ़ गये! उसने कहा कि जब तुम सभी जाने के लिये मना कर रहे थे तो उस समय मैंने अपने कान बंद कर लिये थे, ताकि तुम्हारे नकारात्मक विचारों का मेरे ऊपर कोई प्रभाव न पड़े। मैं अपने मन में सिर्फ सकारात्मक सोच के साथ ऊपर जाने के बारे में सोचने लगा। इसी सोच ने मुझे इतनी हिम्मत दी कि मैं उस पहाड़ पर अकेला ही पहुंच गया।"

मित्र ने अमन से कहा कि मुझे उम्मीद है कि इस कहानी से यह बात तो जरूर समझ आ गई होगी कि केवल बड़ी–बड़ी हवाई बातें करने से सफलता नहीं मिलती। हमारी असफलता के पीछे कई अलग–अलग कारण हो सकते हैं, लेकिन हर असफल छात्र के पीछे एक कारण जरूर होता है और वह है हमारी नकारात्मक सोच। जरा सोचो कि अज़ादी की लड़ाई के समय यदि हम अंग्रेजों से डर जाते तो क्या आज़ादी पा सकते थे?"

यहां कुछ छात्रों के मन में एकदम से यह प्रश्न उठ रहा होगा कि प्रेरणा तो सिर्फ किसी एक व्यक्ति से ही ली जा सकती है, लेकिन आज का समय ऐसा नहीं है। हमें पढ़ाई कैसे करनी है, किस समय और किस प्रकार के माहौल में पढ़ना हमारे लिये ठीक रहेगा, इसके लिये हमारे घर वाले हमें अच्छे से प्रेरित कर सकते हैं, लेकिन हमें परीक्षा में टॉपर बनने के लिये क्या पढ़ना है, किस विषय को कितना समय देने की जरूरत है? यह हमारे अध्यापक, हमारे गाइड ही हमें सही तरीके से बता सकते हैं। जीवन में कामयाबी की मंजिलों को छूने वालों के बारे में जब कभी भी जानने का प्रयास किया जाये तो तथ्य यही बताते हैं कि उनकी सफलता के पीछे अलग–अलग समय पर कई लोगों का सहयोग रहा था, लेकिन सबसे बड़ी ताकत जिसने यह काम किया, वह है हमारे सकारात्मक विचार।

जिन छात्रों में आत्मविश्वास की थोड़ी–बहुत भी कमी होती है, वे परीक्षा की कल्पना से भी डरने लगते हैं। डर चाहे किसी भी कारण से हो, वह हमारे मनोबल को कमज़ोर करता है। कई छात्र परीक्षा के नतीजे से इतना घबरा जाते हैं कि आत्महत्या तक की बात सोचने लगते हैं। ऐसी सोच वाले विद्यार्थियों से सदा थोड़ी दूरी बनाये रखना ही अच्छा रहता है, क्योंकि एक डरा हुआ छात्र दूसरे कई छात्रों को भी भयभीत कर देता है। हिंदी फिल्म का एक डायलॉग बहुत ही मशहूर हुआ था कि 'जो डर गया, समझो वह मर गया'। मगर आप विश्वास रखिये कि परीक्षा ऐसा कोई 'डर' नहीं है कि हम संघर्ष करने से पहले ही उससे हार मान लें।

इस डर से मुकाबला करने का एक ही तरीका है कि हम अपनी शक्तियों को पहचानने की कोशिश करें। टॉपर बनने की सोच रखने वाले किसी भी परीक्षा से घबराने की बजाय एक साथ कई मोर्चों पर संघर्ष करने को तैयार रहते हैं। कई छात्रों के मन में यह विचार चलते रहते हैं कि परीक्षा में सफलता

पाने के लिये छोटी–छोटी बातों पर ध्यान देने की क्या जरूरत है? मगर एक बात याद रखना कि छोटी–से–छोटी बात को भी कभी अनदेखा नहीं करना चाहिए, क्योंकि यही बातें हमारे नतीजे को बुरी तरह प्रभावित कर सकती हैं।

रात को सोने से पहले खुद से यह सवाल अवश्य पूछें कि आज हमने क्या–क्या नया पढ़ा है? हमें किस विषय को समझने में परेशानी हुई थी? क्या जो कुछ आज पढ़ा है, वह सब कुछ हमें याद हो गया है या नहीं। इसी तरह सुबह उठकर नया अध्याय पढ़ने से पहले फिर खुद से सवाल पूछो कि कल जो कुछ पढ़ाई की थी, क्या वह हमें अच्छे से याद हो गई है? यदि कहीं पर कोई शंका नज़र आती है, तो पहले कुछ समय लगाकर उस विषय को दोहरा लिया जाये तो यह विषय हमें कभी नहीं भूलेगा।

जब भी पढ़ाई करने बैठो तो यह सोचकर बैठो कि जैसे हम एक नई सी. डी. तैयार कर रहे हैं। हम जो कुछ भी इस सी.डी. में रिकॉर्ड करेंगे, वही सब कुछ हमें परीक्षा के समय काम आयेगा। इसलिये जो भी आंकड़े आप इसमें डाल रहे हो, वे बिलकुल साफ, स्पष्ट और सरल भाषा में होना चाहिए। इससे जहां परीक्षा के दौरान आपको यह सब कुछ याद रखने में मदद मिलेगी, वहीं परीक्षक को भी मूल्यांकन करने में आसानी रहेगी।

विद्वान लोग छात्रों को प्रेरित करते हुए समझाते हैं कि पढ़ाई से जुड़ी कोई भी परेशानी ऐसी नहीं होती, जिसका समाधान छात्रों को न मिल सके। यह तो अब हमारे ऊपर निर्भर करता है कि हम उस हल को कितनी जल्दी खोज़ पाते हैं। जहां तक तुम कामयाब होने वाले छात्रों की बात करते हो तो मैं इतना ही कहना चाहूंगा कि पढ़ाई में तो कामयाब सिर्फ वही छात्र होते हैं, जो स्कूल–कॉलेज में लगातार पहले दिन से पढ़ाई को गंभीरतापूर्वक लेते हैं। अब तुम यह जरूर जानना चाहोगे कि पढ़ाई को गंभीरतापूर्वक कैसे किया जाये?

यहां मैं एक बात यह कहना चाहूंगा कि हमारी ज़िंदगी में लंबाई का नहीं गहराई का महत्त्व होता है। स्वामी विवेकानंद का जीवन बहुत छोटा था, लेकिन उन्होंने उसमें वह सब कुछ कर दिखाया, जो लोग सौ–सौ साल जीकर भी नहीं कर सकते। किसी ने सच ही कहा है कि किसी की चार दिन की ज़िंदगी सौ काम करती है और किसी से सौ बरस की ज़िदगी में भी कुछ नहीं होता।

यह सच है कि कई बार हम महान हस्तियों से इतना अधिक प्रभावित हो जाते हैं कि उनके जैसा बनने के लिये हम अपनी पहचान ही खोने लगते हैं।

आमतौर पर हम बुरी चीज़ों से डरते हैं कि यह हमें नुकसान पहुंचाती है। नकारात्मक चीज़ों को लेकर आमतौर पर यही धारणा होती है कि ये हमें सफलता से दूर करेंगी, लेकिन कुछ ऐसे भी उदाहरण देखने में आये हैं, जिसमें छात्रों ने अपने बुरे अनुभव से प्रेरणा लेकर बहुत कुछ नया सीखा और फिर कामयाब होकर भी दिखाया हैं।

फर्श से अर्श तक पहुंचने वाले यानी टॉपर बनने वाले छात्र अपने अनुभवों में बताते हैं कि वे अपनी हर कक्षा में, कोचिंग सेंटर में, 5–10 मिनट अतिरिक्त लेते थे। कई बार उनके अध्यापक भी नाराज़ होने लगते थे कि रोज–रोज क्यों परेशान करते रहते हो, लेकिन ऐसे छात्रों की जब तक हर शंका दूर नहीं हो जाती थी, वे उस समय तक अपने टीचर का पीछा नहीं छोड़ते थे।

परंतु यदि टॉपर बनने वाले छात्रों की प्रेरणा के बारे में बात की जाये तो तथ्य यही बताते हैं कि वे लोग चाहें किसी से भी प्रेरणा ले, लेकिन वे उस प्रेरणा को अपने स्वभाव में शमिल करके एक अच्छी आदत के रूप में अपना लेते हैं। क्या इसी जिद्द से प्रेरणा लेकर हम टॉपर नहीं बन सकते! यदि आपको लगता है कि यह संभव है, तो फिर आज से बल्कि अभी से ही यह जिद्द शुरू कर दो कि मुझे टॉपर बनना है। यह जिद्द भी हम उस समय तक नहीं छोड़ेंगे, जब तक हम जमाने को टॉपर बनकर नहीं दिखा देते। जब तक किसी काम को सीखने के लिये मन से चाहत नहीं होती, उस समय तक कोई भी हमें किसी दबाव या डर से वह काम नहीं सिखा सकता।

बहुत सारे छात्र यह दावा करते हैं कि वे सारी–सारी रात पढ़ते रहते हैं, लेकिन भाग्य फिर भी उनका साथ नहीं देता। हर छात्र को इतनी बात तो जरूर मालूम होगी कि हर अच्छे कर्म का फल हमें जरूर मिलता है। यदि हमने बहुत सारे कर्म किये हैं और हमें उनका फल नहीं मिल रहा, तो इसके मायने यही है कि कहीं–न–कहीं अभी हमारे कर्मों में कुछ कमी बाकी है।

यहां पर हम आपको एक रोचक कहानी बताते हैं। एक बार किसी गांव के तीन छात्रों ने अपने कॉलेज में टॉपर बनने की ठान ली। वे अपनी सारी पुस्तकें लेकर घर से दूर पढ़ाई करने के लिये जा पहुंचे। एक दिन उसी गांव के एक अध्यापक जब नाव से नदी पार कर रहे थे तो उनका ध्यान उन छात्रों की ओर गया। उन्होंने नाव चलाने वाले से पूछा कि ये लड़के यहा क्या कर

रहे हैं? उस नाव चलाने वाले ने सारा किस्सा उस अध्यापक को बताया। अध्यापक ने उस नाव वाले से कहा कि पहले नाव उन छात्रों की ओर ले चलो।

अध्यापक ने उन छात्रों से बातचीत करने के बाद उन्हें सही ढंग से पढ़ाई करने के कुछ खास गुर समझाए। कुछ देर बाद अध्यापक अपनी नाव में बैठकर वापिस जाने लगे। अचानक उन्हें महसूस हुआ कि नदी के पानी में कुछ अजीब–सी हलचल हो रही है। जब उन्होंने पीछे मुड़कर देखा तो वे तीनों छात्र पानी पर चलते हुए उनके करीब आ रहे थे। नजदीक आने पर एक छात्र ने कहा– "सर, आपने हमें जो पढ़ाई करने का तरीका बताया था, उसे जरा एक बार फिर से समझा दें। ताकि हमसे अपनी परीक्षा की तैयारी में कोई भूल न हो जाये।" अध्यापक ने आश्चर्य से पूछा– "तुम लोग पानी पर चलकर मेरे पास कैसे आ गये?" तीनों छात्रों ने एक साथ जवाब दिया– "हमें तो मालूम ही नहीं पड़ा कि कब जमीन खत्म हो गई और हम पानी के ऊपर चलने लगे।" अध्यापक ने कहा– "अब जिस लगन से तुम पानी पर चलकर मेरे पास आए हो, उसी लगन को पढ़ाई में भी बनाए रखो। यही सच्ची लगन तुम्हारे लिये प्रेरणा स्रोत बन जायेगी।"

हमें अपनी पढ़ाई के लिये या सफल होने के लिये असल में किसी भी हस्ती को अपना रोल–मॉडल बनाने की आवश्यकता नहीं होती। हमें तो सिर्फ इतनी–सी बात समझने की जरूरत है कि सफलता केवल वही छात्र पा सकते हैं, जिनका मूलमंत्र होता है– कड़ी मेहनत, सच्ची लगन और अपने लक्ष्य को हर पल याद रखना।

अकसर कई छात्र यह सवाल करते हैं कि टॉपर बनने के लिये किस ढंग से पढ़ाई करनी चाहिए? ऐसे छात्रों को कौन समझायें कि यदि किसी के सामने बहुत बढ़िया खाना बनाकर परोस दिया जाये और वह पूछे कि खाना कैसे खाना हैं, तो इसका सीधा–सा यही अर्थ निकलता है कि इसे अभी भूख नहीं लगी। जिस व्यक्ति को अच्छे से भूख लगी होती है, उसे यह नहीं बताना पड़ता कि खाना कैसे खाया जाता है। बिलकुल इसी प्रकार सारा ज्ञान हमारे सामने है। जब तक हमारे मन से यह इच्छा नहीं उठती कि मुझे यह सारा ज्ञान पाना है, उस समय तक कोई भी जोर–जबरदस्ती से हमें पढ़ने के लिए प्रेरित नहीं कर सकता।

इस अध्याय को पढ़ने के बाद आप इतना तो जरूर समझ गये होंगे कि हम समय के साथ अपने अध्यापकों से भी बहुत कुछ सीखते हैं, लेकिन दोनों में फर्क सिर्फ इतना होता है कि हमारे अध्यापक हमें कुछ सिखाकर हमारी परीक्षा लेते हैं। जबकि समय पहले हमारी परीक्षा लेता है और फिर हमें कुछ सिखाता है। अब एक बार यह भी देख लेते हैं कि टॉपर बनने वाले छात्रों को कौन–से विचार प्रेरित करते हैं।

- अध्यापकों की हर सलाह कड़वी दवा की तरह होती है, जो मानने पर हमारे जीवन में मिठास भर देती है।
- एक बार टॉपर बनने के बाद यह महसूस होता है कि अभी और भी बहुत सारे सर्वोच्च शिखरों तक पहुंचना बाकी है।
- जब तक हम किसी बड़े और अच्छे काम के बारे में सोचेंगे नहीं, उस समय तक वह काम पूरा नहीं हो सकता।
- कभी भी लोग आपके बारे में टीका–टिप्पणी करें तो घबराना मत, बस यही बात याद रखना कि हर एक खेल में दर्शक ही शोर मचाते हैं खिलाड़ी नहीं।
- मेधावी छात्र सिर्फ अपने लिये ही कुछ नहीं करते, बल्कि कामयाबी के ऐसे उदाहरण बना देते हैं, जो दूसरे छात्रों के लिये भी प्रेरणा का स्रोत बन जाते हैं।
- सफल होने वाले छात्र जानते हैं कि जीवन में सीखने का मौका जहां से भी मिले, चूकना नहीं चाहिए, क्योंकि जरूरत पड़ने पर किसी से कुछ भी सीखा जा सकता है।

18. अनुशासन

हमारी सफलता और अनुशासन का आपस में क्या मेल है, इस विषय पर विचार करने से पहले हम अनुशासन की परिभाषा को समझने की कोशिश करते हैं कि आख़िर अनुशासन कहते किसको है। अनुशासन शब्द तीन शब्दों से मिलकर बनता है, जिसका भाव यह है कि अपने ऊपर शासन करना या शासन के अनुसार खुद को चलाने को ही अनुशासन कहा जाता है।

अब आगे देखने वाली बात यह है कि इसका छात्रों के जीवन में क्या महत्त्व होता है? उनकी पढ़ाई, सफलता और तरक्की में इसका क्या योगदान हो सकता है? विद्वान लोगों का अनुभव तो हमें यही सिखाता है कि जिस प्रकार हम किसी भी प्रकार की मशीन, कार, स्कूटर को काबू में रखने के लिये कुछ कंट्रोल अपने हाथ में रखते हैं, ठीक उसी तरह अनुशासन हमारे जीवन को नियन्त्रित करने के लिये ये सारे काम करता है।

अनुशासन ही एक ऐसा गुण है, जिसकी छात्रों को जीवन के हर क्षेत्र में कदम–कदम पर आवश्यकता रहती है। कुदरत के नियमों को देखें तो सारी सृष्टि अनुशासन से चल रही है। यहां तक कि सूरज–चांद भी अपने समय पर आकर अपनी ड्यूटी पूरी करते हैं। अनुशासन का बेहतरीन उदाहरण पेश करते हुए सूर्य देव अपनी किरणों के माध्यम से हमें यह संदेश देते हैं कि हम अपना हर कार्य उसी प्रकार नियमानुसार करें, जिस प्रकार मैं अनुशासन में रहते हुए सदियों से अपना कर्त्तव्य निभाता चला आ रहा हूं। यदि आप भी चाहते हैं कि आपके जीवन से अंधकार दूर रहे और आपका जीवन सूरज़ की तरह चमकता रहे तो सदैव यह कोशिश करना कि सूरज़ के उगने से पहले ही उठकर अपनी पढ़ाई में जुट जाओ।

जो छात्र अनुशासन के साथ अपनी शिक्षा ग्रहण करते हैं, उनकी आधे से अधिक परेशानियां तो वैसे ही खत्म हो जाती हैं। अनुशासन उनके जीवन को

इस तरह व्यवस्थित कर देता है कि उनके लिये ज्ञान पाना और सफलता हासिल करना आसान हो जाता है। जिस छात्र के जीवन में अनुशासन नहीं होता, उसकी ज़िंदगी आसमान में उस कटी हुई पतंग की तरह होती है, जिसे हवा का कोई भी झोंका चाहे किसी भी तरफ ले जाये, कोई काबू नहीं कर सकता।

अनुशासन का अर्थ ही यही होता है कि अपना हर कार्य नियम के अनुसार ही किया जाये। जिस तरह प्रकृति नियम में रहते हुए अपने सभी कार्य पूर्ण करती है, उसी तरह टॉपर बनने जैसी सफलता पाने के लिये हर छात्र का अनुशासित होना जरूरी होता है। इस अध्याय में हम इस तरह का कोई उपदेश नहीं देने वाले, जैसे कि हर छात्र को हमेशा कुर्सी–मेज़ पर ही बैठकर पढ़ना चाहिए, क्योंकि बिस्तर या पलंग पर बैठकर पढ़ने से सुस्ती आने लगती है और पढ़ाई में ठीक से ध्यान नहीं लग पाता। हम यह बात अच्छे से जानते हैं कि आज के छात्र अपनी पढ़ाई और जिम्मेदारी के प्रति बहुत जागरूक हैं।

अनुशासन में रहना हम जितना जल्दी सीख लें, यह उतना ही आसान होता है। बचपन में माता–पिता से सीखी हुई अनुशासन की बातें जब हमारे स्वभाव में शामिल हो जाती हैं, तो फिर जीवन–भर कहीं भी गलती होने का कोई डर नहीं रहता, चाहे हमारा स्कूल, कॉलेज़, घर या अन्य कोई भी संस्था हो। अगर हमें अपना हर काम तरीके से करना है तो हम एक दिन भी अनुशासन के बिना नहीं चल सकते। अनुशासन का सबसे बेहतरीन रूप देखना हो तो देश की सेना में देखा जा सकता है। जहां फौजी जवान से लेकर बड़े–से–बड़ा अफसर भी अनुशासन में रहकर अपना फर्ज़ निभाता है। अब इसके बाद हम असल मुद्दे की बात करते हैं कि यह छात्रों के लिये क्यों आवश्यक है?

जैसे ही पढ़ाई का कोर्स खत्म हुआ तो शिक्षक महोदय ने छात्रों से कहा कि अब आप सभी की यह जिम्मेदारी बनती है कि ऐसा टाइम–टेबल बनाओ, जिससे सारा कोर्स आप समय पर दोहरा सकें। एक विद्यार्थी ने कहा– "सर, हम वैसे ही पढ़ाई अच्छे से कर लेते हैं, ऐसे में टाइम–टेबल बनाने का क्या फायदा?" अध्यापक महोदय ने कहा– "जब भी कोई काम ठीक ढंग से एक तय समय–सीमा में करना हो तो उसके लिये टाइम–टेबल का होना बहुत जरूरी होता है।"

एक छात्र ने मज़ाक करते हुए कहा कि हमारा रेल विभाग भी हर महीने अपना टाइम–टेबल बनाता है, लेकिन फिर भी अधिकतर रेलगाड़ियां देरी से ही चलती हैं। ऐसे में टाइम–टेबल हो या न हो, क्या फर्क पड़ता है। एक दूसरे छात्र ने कुछ ज्यादा ही होशियारी दिखाते हुए कहा कि अरे यार! अगर टाइम–टेबल नहीं होगा तो यात्रियों को मालूम कैसे होगा कि कौन–सी गाड़ी कितनी देरी से आ रही है।

यह अध्यापक महोदय ने कहा कि तुमने चाहे यह बात मज़ाक में ही कही हो, लेकिन इसमें भी एक संदेश छिपा हुआ है। तुमने बिलकुल ठीक कहा कि जब तक तुम्हारे पास टाइम टेबल नहीं होगा तो तुम्हें कैसे मालूम पड़ेगा कि तुमने क्या कुछ पढ़ लिया है और कितना कुछ पढ़ना बाकी है। अपने सारे कोर्स को दोहराने में अभी कितना वक़्त और चाहिए। सिर्फ पढ़ाई ही नहीं, रोज़मर्रा की ज़िंदगी का कोई भी काम जब अनुशासन में रहकर किया जाये तो वह आसानी से हो जाता है। इसी के साथ न तो समय के हिसाब–किताब में गड़बड़ी होती है और न ही हमारी परीक्षा की तैयारी में गलती होने का डर रहता है।

लेकिन टाइम–टेबल बनाते समय इस बात का जरूर ध्यान रखना कि कभी भी हड़बड़ी में या दिखावे के लिये ऐसा टाइम–टेबल नहीं बनाना चाहिए, जिसे हम ठीक तरीके से निभा ही न पायें। जब भी अपनी पढ़ाई का टाइम–टेबल बनाएं तो उसमें पढ़ाई के साथ थोड़ा–बहुत समय अपने घर के जरूरी कार्यों के लिये भी रखें। ऐसा इसलिये महत्त्वपूर्ण होता है, क्योंकि कई बार अचानक कुछ ऐसा काम निकल आता है जिसकी हमें उम्मीद ही नहीं होती। इस दौरान हमारा पढ़ाई करने का जो समय बेकार हो जाता है, उसकी भरपाई नहीं की जा सकती है।

टाइम–टेबल बनाते समय एक बात का और ध्यान रखना चाहिए कि हम कभी भी दूसरों की नकल न करें, क्योंकि हर छात्र की पढ़ने की क्षमता अलग–अलग होती है। हर किसी के घर का माहौल भी बिलकुल भिन्न होता है। अगर हम किसी दूसरे की नकल करके टाइम–टेबल बना भी लेते हैं, तो फिर हम उसे ठीक से निभा नहीं पायेंगे।

कई बार छात्र जिद्द या शेखी मारते हुए यह कह देते हैं कि मैं आज से सारी रात बैठकर पढ़ाई करूंगा या इस बार सबसे अधिक अंक लेकर दिखाऊंगा, लेकिन इस तरह की बातों को कहने में और उन्हें पूरा करके

दिखाने में बहुत बड़ा फर्क होता है। यहां हम यह नहीं कहते कि कोई छात्र इस तरह की बात को कहकर पूरा नहीं कर सकता। हर छात्र चाहे तो इसे हक़ीक़त बना सकता है बशर्ते कि वह अनुशासन में रहते हुए पूरी हिम्मत के साथ अपने लक्ष्य प्रप्ति के प्रयास जारी रखे।

जो छात्र अनुशासन को अनदेखा करके चलने की कोशिश करते हैं, उनको पढ़ाई–लिखाई और परीक्षा मुसीबतों का पहाड़ दिखाई देने लगते हैं। सारा साल पढ़ाई करने के बाद भी ऐसे छात्र परीक्षा के समय खुद को एक भूलभुलैया वाले चौराहे पर खड़ा महसूस करते हैं। यह एक ऐसा पल होता है कि जरा–सी चूक से किसी भी छात्र का भविष्य अंधकारमय बन सकता है।

किसी भी परीक्षा में सफलता इन सभी बातों पर निर्भर करती है कि हमारी पढ़ाई में कितनी रुचि है? हम खुद को पढ़ाई के प्रति कितना समर्पित करते है? क्योंकि जो कुछ हमारे मन में है, जितनी हमारी क्षमता और लगन है, उसका अंदाजा दूसरे लोग नहीं लगा सकते।

बात चाहे पढ़ाई में सफल होने की हो या अन्य किसी प्रतियोगिता में टॉपर बनने की। हमें अपनी किस्मत से अधिक अपनी क्षमताओं के बारे में अच्छे से जानना होगा। हर लक्ष्य की कुछ मांग होती है और उस मांग को तभी पूरा किया जा सकता है जब हम दूसरों से हटकर अपने विषय की सही जानकारी, भाषा पर अच्छी पकड़ और निपुणता जैसे सभी गुण एक साथ विकसित करें।

अनुशासन का महत्त्व जितना स्कूल–कॉलेज़ की कक्षा में होता है, उतना ही बाहर भी। जब भी शिक्षक कक्षा में पढ़ा रहे हों तो हमें चाहिए कि हम अपना दिमाग पूरी तरह से खोलकर शांत मन से अध्यापक द्वारा कही गई हर बात को ध्यान से सुनें। ऐसा इसलिये कहा जा रहा है क्योंकि बोलना जितना आसान है, सुनना उतना ही कठिन होता है। जबकि प्रत्येक छात्र को अपने अध्यापकों के सभी निर्देश बहुत ही गौर से सुनने चाहिए। न जानें किस दिन कौन सी–बात किस परीक्षा में हमारे काम आ जाये। कई बार एक छोटी–सी टिप से ही सारे प्रश्न का हल याद आ जाता है। यह सब कुछ तभी मुमकिन है, जब हम अनुशासन में रहते हुए अपना हर कार्य करने का प्रयास करें।

एक बार एक छात्र ने जब कई दिनों तक अपना होमवर्क ठीक से नहीं किया तो उसके कोचिंग देने वाले अध्यापक ने उसे डांट दिया। छात्र ने आव

देखा न ताव, झट से उस अध्यापक से बोला– "क्या तुम्हें ग्राहक से बात करने की तमीज़ भी नहीं है?" यह सच है कि आज शिक्षक पैसा लेकर हमें हमारे घर पर पढ़ाने आते हैं, लेकिन हमें यह नहीं भूलना चाहिए कि वे आज भी किसी गुरु से कम नहीं हैं, क्योंकि जो ज्ञान हमें एक शिक्षक से मिल सकता है, वह कोई और दूसरा नहीं दे सकता। कुछ समय पहले तक शिक्षकों को गुरु का दर्जा दिया जाता था। हर छात्र अनुशासन में रहते हुए अपने शिक्षक को पूरा मान–सम्मान देता था। अगर सही मायने में ज्ञान पाना चाहते हो तो आज भी हर छात्र को अनुशासन की मर्यादा में रहते हुए ही पढ़ना होगा।

किसी भी शिक्षक से हम तभी सही ढंग से शिक्षा ग्रहण कर सकते हैं, जब सबसे पहले अपने दिलोदिमाग से सभी प्रकार के फालतू के विचारों को हटा दें। इसका सीधा–सा उदाहरण है कि यदि किसी बर्तन में पहले से कोई चीज़ रखी हुई है तो उसमें कुछ भी और नया नहीं डाला जा सकता। इसी तरह यदि दूध के बर्तन को बिना साफ किये हुए उसमें और ताजा दूध डाल देते हैं तो कुछ ही समय में वह दूध भी खराब हो जायेगा। कम्प्यूटर की हार्ड–डिस्क में यदि पहले से ढेरों फाइलें भरी पड़ी हैं, तो उसमें नई जानकारियां नहीं डाली जा सकतीं। यदि हम ऐसा करने की कोशिश करते भी हैं तो इससे हमारी सभी फाइलें खराब होने का खतरा बना रहेगा।

बिलकुल यही हालत हमारे दिमाग की होती है, जब वह हमारे काबू में नहीं होता। जब तक उसमें कुछ भी व्यर्थ के विचार रहेंगे, तब तक उसमें अच्छे ज्ञान को संभालकर नहीं रखा जा सकता। इसी के साथ एक महत्त्वपूर्ण बात यह भी है, जैसे– बड़े बर्तन में कोई भी चीज़ जल्दी से डाली जा सकती है, लेकिन छोटे बर्तन में उसे डालना उतना ही कठिन होता है। ऐसे ही हम जब भी किसी शिक्षक से शिक्षा पाने की कोशिश करें तो अपना दिमाग बोतल के मुंह की तरह रखने की बजाय एक खुले बर्तन की तरह रखना चाहिए ताकि अधिक–से–अधिक ज्ञान पाया जा सके।

कुछ छात्र संस्कारों और अनुशासन के अभाव में यह उम्मीद करते हैं कि हर अध्यापक उनकी सुविधा और तरीके के अनुसार पढ़ाये। जब तक हम इस प्रकार की सोच अपने मन में रखेंगे, उस समय तक न तो हम ठीक से ज्ञान पा सकेंगे और न ही टॉपर बनने जैसी सफलता का मुंह देख पायेंगे।

अनुशासन में रहे बिना पढ़ाई करना आसान नहीं होता। पढ़ाई करके टॉपर बनना उससे भी अधिक परिश्रम की मांग करता है। इसके लिये यदि अच्छे से ज्ञान पाना है तो हमें थोड़ा झुकना भी आना चाहिए। एक पुरानी कहावत तो आप सभी ने जरूर पढ़ी होगी कि कोई प्यासा व्यक्ति नदी के सामने चाहे जितनी देर तक खड़ा रहे, लेकिन यदि उसे अपनी प्यास बुझानी है तो थोड़ा झुकना ही होगा। जब तक वह झुककर नदी के पास नहीं जायेगा, उसकी प्यास कभी नहीं बुझ सकती। इसी विचार को यदि हम ध्यान में रखते हुए अपने शिक्षकों से ज्ञान पाने का प्रयास करेंगे तो हमारी झोली बहुत जल्दी ज्ञान के अनमोल खज़ाने से भर जायेगी।

जैसा कि पहले भी बताया गया है कि अनुशासन की भूमिका सिर्फ हमारी पढ़ाई–लिखाई तक ही सीमित नहीं है। हमारी रोज़मर्रा की बाक़ी ज़िंदगी में भी इसका उतना ही महत्त्वपूर्ण स्थान है। अब यदि हम अपने शरीर की जरूरतों को देखें तो अन्य सभी चीज़ों की तुलना में खाने की तरह नींद भी बहुत जरूरी है। एक ओर जहां यह हमारे शरीर को ऊर्जा प्रदान करती है, वहीं यह हमारी याद्दाश्त को भी बढ़ाती है। शेक्सपियर ने तो नींद को ज़िंदगी का सबसे महान पोषक माना हैं। यह जानते हुए भी कि नींद हमारे लिये कितनी जरूरी है, हममें से अधिकतर छात्र परीक्षा के दिनों में रात को चैन की नींद नहीं सोते। जो छात्र रात में अपनी नींद पूरी नहीं करते, वे लाख चाहकर भी इसकी भरपाई नहीं कर पाते।

अनुशासन में रहते हुए छात्र अपनी पढ़ाई और परीक्षा की तैयारी तभी कर सकते हैं, जब वे इसके साथ समय प्रबंधन का भी पूरा ध्यान रखें। समय के साथ तो हर कोई जीता है, लेकिन समय का सही ढंग से सदुपयोग करना बहुत कम छात्र ही जानते हैं। आमतौर पर आपने अपने आसपास देखा होगा कि कोई मित्र हमसे मिलने के लिये कहता है, लेकिन जब उनसे पूछो तो जवाब मिलता है कि कल–परसों आऊंगा। जब उनसे पूछा जाये कि कल आओगे या परसों? ऐसे में इन दोस्तों का जवाब होता है कि क्या फर्क पड़ता हैं, कभी भी आ जाऊंगा। इस तरह के छात्रों को कौन समझाएं कि कल और परसों में 24 घंटे का फर्क होता है। 24 घंटे तो क्या 24 पल भी किसी छात्र की ज़िंदगी को सफलता से असफलता की ओर मोड़ सकते हैं।

इस बात से आपको यह तो अंदाजा हो गया होगा कि समय कितना अनमोल है। ऐसी अनमोल चीज़ों से फायदा भी वही छात्र उठा सकते हैं, जो इसकी कीमत समझकर इसे खर्च करते हैं। आप यदि खुद को दूसरों से आगे रखना चाहते हो तो कभी भी किसी कार्य को लटकाने की आदत मत डालना। आज के काम को आज ही खत्म करने का स्वभाव होना चाहिए, क्योंकि कल न जाने दूसरा कौन–सा बड़ा काम आन पड़े। उस समय हम न तो आज का और न ही कल वाला काम कर पायेंगे। हालात ऐसे बन जायेंगे कि हम दूसरों से आगे बढ़ने की बजाय पिछड़ भी सकते हैं। ये सारी बातें लिखने का सिर्फ यही उद्देश्य है कि आपने अपनी पढ़ाई–लिखाई और अन्य दूसरे कार्यों के लिये जो भी टाइम–टेबल बनाया है, उसको उसी व्यवस्था के अनुसार चलायें।

व्यवस्थित ढंग से कार्य करते हुए हमारे जीवन का एक–एक पल यदि हमें कामयाबी के करीब ले जा सकता है तो वही पल हमें कामयाबी से दूर भी तो कर सकते हैं। वैसे भी अभी तक कोई इतना अमीर नहीं हुआ है कि समय को अपनी मर्जी मुताबिक खरीदकर इस्तेमाल कर सके। समय ने नदी की तरह हर समय चलते ही रहना है, न तो कोई राजा–महाराजा अपनी दौलत के बल पर और न ही कोई वैज्ञानिक इसे अपनी तकनीक के सहारे आज तक रोक पाया है। ऐसे में अक्लमंदी तो इसी में है कि अपने जीवन के हर पल को अनमोल समझकर उसका इस्तेमाल किया जाये।

अनुशासन का महत्त्व जितना पूरे वर्ष पढ़ाई के दौरान होता है, उससे कहीं अधिक इसकी भूमिका परीक्षा के समय बढ़ जाती है। विज्ञान और नई तकनीक के इस दौर में आज हम अपने हर किसी विषय की अधिक–से–अधिक जानकारी पाने के लिये पुस्तकों के अलावा कम्प्यूटर, इंटरनेट की मदद भी ले सकते हैं, लेकिन यहां भी इस बात का ध्यान रखना होगा कि जब हम कम्प्यूटर पढ़ाई के लिये इस्तेमाल कर रहे हैं, तो हमें सिर्फ वहीं तक खुद को रोकना होगा।

इसी तरह परीक्षा में प्रश्नपत्र हल करते समय हमें एक बात पर विशेष ध्यान देने की जरूरत होती है कि हम जो कुछ लिख रहे हैं उसे एक सामान्य आदमी भी आसानी से समझ पाये। इससे परीक्षक को हमारे जवाब पढ़ने में कोई कठिनाई नहीं होती और अच्छे अंक पाने की संभावना बढ़ जाती है। कम्प्यूटर और इंटरनेट की अच्छी जानकारी से हम आसानी से कई जटिल विषयों के जवाब लिखने का अभ्यास कर सकते हैं।

कुछ छात्र अनुशासन की मर्यादा को तोड़ते हुए यह समझते हैं कि परीक्षा में जितना अधिक लिखा जाये, उतने ही अधिक अंक मिलते हैं। ऐसे लोग अध्यापकों को प्रभावित करने के लिये बड़ा–बड़ा लिखने की कोशिश करते हुए अपना पेपर खराब कर बैठते हैं। किसी भी परीक्षा में रंगबिरंगी कलम इस्तेमाल करके अपने परीक्षा पत्र को खराब न करें। सीधे–सीधे सटीक जवाब लिखने से ही केवल अच्छे अंक पाये जा सकते हैं।

अनुशासन के महत्त्व को अनदेखा करते हुए पाश्चात्य संस्कृति की ओर झुकाव के कारण आज़ के युवा छात्रों का देर रात तक खाना–पीना और जीवन शैली चलती रहती है, नतीज़तन यह पीढ़ी स्वास्थ्य, समृद्धि एवं बुद्धि से दूर होते जा रहे हैं। वास्तव में बढ़ती हुई प्रतिस्पर्धा ने हमारे लिये बहुत सारी अलग किस्म की समस्याएं खड़ी कर दी हैं। अब सवाल यह है कि हमें ऐसी स्थिति में क्या करना चाहिए? जाहिर है कि हम हर विषय के बारे में छोटी–से–छोटी जानकारियों पर भी पैनी नज़र रखें ताकि किसी भी परीक्षा से जुड़ा हुआ किसी भी विषय का अध्याय छूट न जाये।

टॉपर बनने वालों को एक बात सदा याद रखनी चाहिए कि मिटट्ी के खिलौने जितनी आसानी से मिल जाते हैं, उतनी आसानी से सोना नहीं मिलता, इसी तरह साधारण काम तो हम आसानी से कर लेते हैं, लेकिन टॉपर बनने जैसे बड़े कार्यों के लिये काफी परिश्रम करना पड़ता है। हम छोटी–छोटी बातों को अनदेखा करके उनके महत्त्व को नहीं समझते। जिस प्रकार हम सांस की कद्र उस दिन करते हैं, जब सांस लेने के लिये ऑक्सीज़न का सिलेंडर लगाना पड़ता है।

अनुशासन की अहमियत से जुड़ी एक बात यह भी है कि हमने अपने परिवार के साथ किसी भी सफ़र पर जाना हो तो महीनों पहले उसकी तैयारी शुरू कर देते हैं, लेकिन जीवन के सबसे महत्त्वपूर्ण कार्य, अपने कैरियर को सफ़ल बनाने के बारे में न जाने हम क्यों नहीं विचार करते।

अच्छी पढ़ाई के साथ अच्छे व्यक्तित्व का भी एक अलग महत्त्व होता है। पढ़ाई पूरी करने के बाद जब हम ज़िंदगी में अपना पहला कदम रखते हैं, तो पढ़ाई–लिखाई के साथ हमें अपनी शख्सियत की योग्यता को साबित

करने की चुनौती का भी सामना करना है। इसलिये पढ़ाई में टॉप करने की तैयारी के साथ अपने नैतिक मूल्यों को समझना और अनुशासन में रहते हुए अपनाना भी हमारे लिये उतना ही अहम होता है। अब आखिर में इस बात को समझने का प्रयास करते हैं कि कामयाब होने वाले सौभाग्यशाली छात्र अनुशासन से और क्या–क्या सीखते हैं?

- अनुशासन ही सफलता और विकास की पहली सीढ़ी होती है।
- अनुशासन ही हमारे उद्देश्यों और उपलब्धियों के बीच सेतु का कार्य करता है।
- उद्देश्य वाले व्यक्ति कभी अकेले नहीं होते, उनका उद्देश्य ही उनका सबसे अच्छा साथी होता है।
- बाज़ार में सब कुछ बिकता है, परंतु हिम्मत नहीं बिकती, उसे अपने अंदर से ही पैदा करना पड़ता है।
- इस बात पर ध्यान दिए बिना कि हमें कोई देख रहा है या नहीं, किसी काम को सही ढंग से करना मात्र ही अनुशासन होता है।
- अनुशासन का पहला पाठ हर छात्र अपने घर से सीखता है। घर ही वह प्रथम पाठशाला है, जहां हमें भली–भांति अनुशासन की शिक्षा मिलती है।

19. कामयाबी की कहानी

यह सच है कि टॉपर बनना ना तो मुश्किल है और ना ही नामुमकिन। पुस्तक के इस अध्याय में हम यह जानने की कोशिश करेंगे कि कामयाबी की यह कहानी लिखी कैसे जाती हैं? उन छात्रों में ऐसे कौन–से गुण होते हैं, जो बाकी के सभी साथियों को पीछे छोड़ते हुए टॉपर बनकर नया इतिहास रच देते हैं। अंतिम परीक्षा का नाम सुनते ही अच्छे–अच्छे छात्रों के पसीने छूटने लगते हैं। सारा साल पढ़ाई करते हुए हमें पता ही नहीं चलता कि समय कब छलांगें लगाते हुए मिनटों को घंटों में, घंटों को दिनों में और दिनों को महीनों में तबदील करते हुए साल के अंतिम दौर में पहुंच जाता है।

इसके बाद जैसे ही परीक्षा के दिन करीब आने लगते हैं, उस समय हर छात्र अपने सभी कार्यक्रमों को भूलकर अपना सारा ध्यान कोर्स के हर छोटे–बड़े भाग को दोहराने में लगाने लगता है तो फिर हम भी क्यों न अपनी इस पुस्तक के आख़िरी भाग में उन सभी गुणों को दोहराने की कोशिश करें जो सफलता की राह में हमारे हमसफर बन सकते हैं। टॉपर बनने के इस विषय को और गहराई से जानने के लिये हमें सबसे पहले अपने ऊपर यह विश्वास रखना होगा कि अगर दूसरा कोई भी छात्र टॉपर होने में कामयाब हो सकता है, तो मैं भी हो सकता हूं।

कोई माने या न माने, लेकिन हर छात्र की एक बार तो यह तमन्ना होती है कि अधिक–से–अधिक अंक पाकर अपने स्कूल–कॉलेज में टॉपर बन सके, लेकिन अधिकांश छात्रों का यह सपना, सपना बनकर ही रह जाता है। इस सपने को हक़ीक़त में कैसे बदला जाये... उसके लिये कुछ सुझाव इस प्रकार हैं।

यह सच है कि टॉपर बनना कोई साधारण काम नहीं है। हज़ारों छात्रों के बीच खुद को सबसे बेहतर साबित करना कुछ तो तनाव भरा काम होता ही है। धैर्य, कुछ हासिल करने के जूनून के बीच एक ऐसी चीज़ है, जो हमें

बड़ी–से–बड़ी परेशानी से लड़ने की ताकत देता है। यह जज्बा उत्पन्न होता है हमारे अपने आत्मविश्वास से। यह आत्मविश्वास भरा जज्बा ही हमें लगातार परीक्षा में सफल होने की प्रेरणा देता रहता है।

हमारी हर इच्छा का जन्म दो बार होता है। पहला जब हम किसी इच्छा के बारे में सोचकर उसका सपना देखते हैं, दूसरा जब वह सपना हक़ीक़त बनता है। इसलिये हमारी चाहे किसी भी प्रकार की इच्छा हो, जब तक हम उसकी कल्पना लगातार अपने ख्यालों में नहीं करेंगे, हम उसे पाने के लिये प्रयास भी नहीं कर पायेंगे। साधारण छात्र और टॉपर बनने वालों में बस इतना–सा फर्क होता है कि वे जब सफल होने का एक बार ख्वाब देख लेते हैं तो तबतक चैन से नहीं बैठते, जब तक कि वह असलियत नहीं बन जाता। आप भी अगर अपनी किसी ऐसी ही इच्छा को अर्धचेतन मन से जोड़ देते हैं तो फिर अपने आप ऐसे करिश्मे होने लगते हैं कि आपकी हर मनचाही इच्छा पूरी होने लगती है।

यहां इस बात पर गौर करना होगा कि हम जो भी सपना देख रहे हैं वह बिलकुल साफ हो, क्योंकि एक बार एक छात्र ने सपना देखना शुरू किया कि मैं इतना बड़ा आदमी बन जाऊं कि मेरे चारों ओर शानदार कारें खड़ी हों। मैं जिस कार की तरफ इशारा करूं, वह वहीं रुक जाये। कुछ समय बाद यही छात्र पढ़ाई पूरी करने के बाद ट्रैफिक पुलिस में हवलदार भर्ती हो गया। जब इसकी ड्यूटी चौराहे पर लग गई तो कोई भी गाड़ी इसके इशारे के बिना न तो रुक सकती थी और न ही चल पाती थी। इस छात्र ने अपने दिमाग में जो भी जानकारी डाली, वह आधी–अधूरी थी। उसी का नतीजा यह हुआ कि वह अपने सपने को सही ढंग से हक़ीक़त में तबदील नहीं कर पाया।

इस बात को भी कोई छात्र नकार नहीं सकता कि हर सफलता की शुरुआत लड़खड़ाहट से ही होती है, इसलिए यदि शुरू में असफलता से सामना हो भी जाये तो भी हमें घबराना नहीं चाहिए। कभी भी आशा का दामन नहीं छोड़ना चाहिए, आशा एक ऐसा पथ है जो जीवन–भर किसी को भी गतिशील बनाये रखता है। जो चलते रहते हैं वही मंजिल तक पहुंच पाते हैं और ऐसे लोग टॉपर बनकर ही रुकते हैं।

हर वर्ष हजारों–लाखों छात्र अलग–अलग परीक्षाओं में बैठते हैं। इनमें से अधिकतर छात्र पास भी हो जाते हैं, लेकिन टॉपर्स की संख्या बहुत ही कम

होती है। कोई भी विद्यार्थी आसानी से यह अंदाजा लगा सकता है कि टॉपर बनने के लिए कितने पापड़ बेलने पड़ते हैं। इसलिये जो भी अपने स्कूल–कॉलेज़ की परीक्षा में टॉप करता है, उसके लिये हर किसी के मन में और भी इज़्ज़त बढ़ जाती है। वैसे भी टॉपर बनने का एक अलग ही रुतबा होता है।

जब भी कोई छात्र टॉपर बन जाता है तो अकसर उसके शिक्षक उसकी तुलना खरे सोने से करते हैं। खरे सोने जैसा बनना तो हर छात्र चाहता है। यदि खरे सोने की तरह बनना है तो हमें उस जैसे गुण भी अपने अंदर पैदा करने होंगे, क्योंकि जो भी खरा होता है उसे तपती आग के साथ अन्य बहुत सारी कसौटियों से गुजरना पड़ता है। जो छात्र जितनी लगन से मेहनत करता है, उसी की बदौलत उसकी शख्सियत बन पाती है।

टॉपर बनकर कामयाबी की कहानी लिखने से पहले हमें इस बात को समझना होगा कि हमारे जीवन का लक्ष्य क्या है? क्योंकि जब तक हमारे पास कोई लक्ष्य नहीं होता, हमारी ज़िंदगी का कोई मायने नहीं होता। हमारी प्राथमिकताएं क्या हैं? क्या हम पढ़ाई दिल से कर रहे हैं या उसे एक बोझ समझकर ढो रहे हैं? पुस्तकों को देखकर हमारा मन उन्हें पढ़ने को करता है या हमारे अंदर मानसिक तनाव पैदा होने लगता है? कामयाबी की कहानी रचने वाले तो सिर्फ अपने आप से यह वादा करते हैं कि हमें हर हाल में टॉपर बनना है और वह इस वचन को उस समय तक नहीं भूलते, जब तक यह पूरा नहीं हो जाता।

हम अपनी ज़िंदगी कैसी बनाना चाहते हैं, यह हमारे अपने हाथ में होता है। यहां आपको एक बहुत ही मज़ेदार किस्सा बताते हैं। एक बार एक रेलगाड़ी में सफर के दौरान एक चूहा आ गया। कुछ यात्री उस चूहे को देखकर बहुत बुरी तरह से डर गये, कुछ उछल–कूद करने लगे तो कुछ यात्री सहमकर एक कोने में दुबककर बैठ गये। कुछ युवा इस सारी उछलकूद का आनंद लेते हुए अपना मनोरंजन कर रहे थे।

एक छात्र इन बातों से बेखबर अपने कम्प्यूटर पर पूरी एकाग्रता से लगातार अपना काम किये जा रहा था। उसको न तो इन लोगों का कोई शोर सुनाई दे रहा था और न ही उसका ध्यान अपने काम से भटक रहा था। इन सभी लोगों के व्यवहार से आपने भी एक बात तो जरूर जान ली होगी कि हमारी सोच ही हमारी लगन को दर्शाती है कि हम अपनी चाहत और लक्ष्य के प्रति कितने गंभीर हैं।

टॉपर बनने वालों की सोच भी बिलकुल ऐसी ही होती है। वे जब पढ़ाई करते हैं तो पूरे जोश के साथ सिर्फ पढ़ाई करते हैं। उन्हें इस बात से कोई फर्क नहीं पड़ता कि घर में कौन आ रहा है और कौन जा रहा है। घर में क्या खाना बन रहा है या टी.वी. में कौन–सा कार्यक्रम चल रहा है। वे इन सभी बातों से बेखबर होकर दीवानों की तरह अपनी पुस्तकों के साथ खोये रहते हैं। पढ़ाई के प्रति उनका यही समर्पण उन्हें टॉपर बनने का गुर सिखा देता है।

सर्वोत्तम स्थान पाने के लिये जो कुछ भी करना होता है, वह हर छात्र को खुद ही करना पड़ता है। यदि कोई यह सोचे कि कोई जादूगर आकर हमारी तकदीर बदल देगा और हमें साधारण पढ़ाई–लिखाई के बावजूद टॉपर बना देगा तो यह हमारे जीवन की सबसे बड़ी भूल होगी। जब भी कभी हम किसी सफल इंसान के बारे में पढ़ते हैं तो यही बात सामने आती है कि किसी भी व्यक्ति की तकदीर दूसरा कोई नहीं लिख सकता। हमें अपनी तकदीर खुद ही लिखनी होती है। मंजिल केवल उन्हीं छात्रों को मिलती है, जो दृढ़ निश्चय के साथ अपने लक्ष्य का पीछा करते रहते हैं।

परीक्षा में टॉपर बनने के लिये यदि हमारे पास कोई सहारा होता है तो वह होता है सिर्फ शिक्षा और ज्ञान का। इसलिये जहां तक हो सके हमें अपनी शिक्षा की नींव को हर दिन मजबूत करते रहना चाहिए। जो विद्यार्थी ईमानदारी से पढ़ाई करते हैं, वे इसी के बलबूते पर टॉपर बन जाते हैं। इतिहास साक्षी है कि आज तक जितने लोगों ने भी पढ़ाई के क्षेत्र में सफलता हासिल की है, वे सिर्फ शिक्षा और ज्ञान के बल पर ही की है।

यह बात तो हर छात्र जानता है कि असाधारण काम कभी भी साधारण तरीके से नहीं किये जा सकते। शिखर की बुलंदियों को छूने वाले जानते हैं कि यदि हमें बाकी विद्यार्थियों से कुछ अलग करके दिखाना है तो कुछ समय के लिये मौज–मस्ती और इस दुनिया को भुलाना होगा। जो छात्र अन्य बातों को भूलकर अपना बहुमूल्य समय पुस्तकों को समर्पित कर देते हैं, फिर यही पुस्तकें उन्हें उनके लक्ष्य तक पहुंचा देती हैं।

साल के शुरू में जब हम पढ़ाई करना शुरू करते हैं तो एक बार तो हमारे मन में यह जरूर आता है कि क्या मैं सच में सफल हो पाऊंगा? लेकिन जैसे ही हम इस राह पर सकारात्मक सोच के साथ अपना पहला कदम बढ़ाते हैं तो हर किसी का सहयोग मिलना शुरू हो जाता है। हमारी पढ़ाई–लिखाई

ही हमें दुनिया को देखने और समझने का मौका देती है। ज्ञान ही हमारे जीवन को निखारने लगता है।

जो छात्र पहले दिन से परीक्षा की तैयारी इस तरह से शुरू करते हैं कि उन्हें टॉपर बनना है तो परीक्षा के दिनों में उन्हें किसी प्रकार का तनाव नहीं होता। ऐसे छात्र न तो खुद परेशान होते हैं और न ही दूसरों के लिये परेशानी खड़ी करते हैं। टॉपर बनने के लिये किसी दूसरे से अपेक्षा रखने की बजाय हमें खुद अपने आप से अपेक्षा रखनी चाहिए, इससे बहुत बड़ा फायदा यह होता है कि हमें कभी भी निराशा का मुंह नहीं देखना पड़ता। हर दिन कुछ–न–कुछ नया करते हुए कदम आगे बढ़ाते रहना चाहिए। नतीजतन हमें हर दिन ज्ञान के साथ एक नया अनुभव मिलता रहता है, जो सारी उम्र काम आ सकता है।

आमतौर पर अधिकतर छात्र यही सोचते हैं कि किसी भी परीक्षा में टॉप सिर्फ खास किस्म के छात्र ही कर सकते हैं। यह काम तो सिर्फ अमीर घरानों के या बड़े–बड़े सरकारी अफसरों के चंद बच्चे ही कर सकते हैं, क्योंकि उन लोगों की पढ़ाई शहर के महंगे–से–महंगे स्कूल में करवाई जाती है। अच्छे–से–अच्छे अध्यापक उन्हें कोचिंग देने के लिये उनके घर पर हाजिरी भरते हैं।

लेकिन अब बहुत सारे साधारण परिवार के छात्र–छात्राएं भी सिर्फ अपने स्कूल या कॉलेज़ में नहीं, बल्कि पूरे विश्वविद्यालय में सफल होने लगे हैं।

जब इस पुस्तक का अंतिम चरण लिखा जा रहा था तो एक प्रोफेसर साहब हमारे पास आए। हमने उनसे यही सवाल पूछा कि कोई भी छात्र टॉपर कैसे बनता है? उन्होंने बहुत ही बढ़िया तरीके से जवाब देते हुए कहा कि स्कूल–कॉलेज़ में हर छात्र को कक्षा में मौज–मस्ती करने और सोने का मौका मिलता है, लेकिन जो इस सुनहरे मौके का लाभ नहीं उठाते वे टॉपर बन जाते हैं।

कोई भी छात्र चाहे तो जीवन में किसी भी ऊंचाई तक उड़ान भर सकता है। बुद्धिमान छात्र जानते हैं कि सफलता पाने के लिये गति से अधिक दिशा महत्त्वपूर्ण होती है। इस दशा और दिशा का ज्ञान हमें एक अच्छा गुरु, शिक्षक ही दे सकते हैं। जैसे ही हम एक नये रास्ते पर चलना शुरू करते हैं तो कई बार हमारा सामना बहुत सारी कठिनाइयों से होने लगता है, लेकिन सफलता पाने वाले अपनी राह में आने वाली परेशानियों से घबराते नहीं। वे यह जानते हैं कि जब हमारे पास सकारात्मक सोच और बुलंद हौसला है तो सफलता

को पाना मुश्किल नहीं रह जाता। विजेता बोलते हैं कि 'मुझे कुछ करना चाहिए', जबकि हारने वाले कहते हैं कि 'कुछ होना चाहिए'। ज़िंदगी भी उन्हीं छात्रों को इनाम देती है, जो स्वयं पर यकीन रखते हुए अपने सभी कार्य पूरी लगन से तय समय के अंदर करते हैं।

स्कूल–कॉलेज़ में टॉप करने वाले विद्यार्थी यह अच्छे से जानते हैं कि किसी भी विषय को एक–दो बार पढ़कर परीक्षा तक याद नहीं रखा जा सकता। इसलिये ऐसे बुद्धिमान छात्र एक ही विषय को कई बार पढ़ते रहते हैं ताकि वे उन्हें परीक्षा के आखिरी दिन तक याद रह सकें।

हम सभी के पास एक दिन में 24 घंटे का समय होता है। जिसमें से 8 घंटे अपने स्कूल–कॉलेज आने–जाने और पढ़ाई करने के लिये जरूरी है और तकरीबन 8 घंटे नींद में चले जाते हैं। अब यदि मिशन टॉपर को सफल बनाना है तो हमें बाकी के बचे हुए 8 घंटों के समय का इस्तेमाल बहुत सोच–विचार करके करना होगा। जो लोग इन बचे हुए 8 घंटों का सदुपयोग करना ठीक से सीख लेते हैं, उनके लिये सफलता की राह बहुत आसान हो जाती है।

हमारी जीत इस बात पर निर्भर नहीं करती कि हमारे परिवार वाले या करीबी लोग हमारे बारे में क्या सोचते हैं या हमने क्या कुछ हासिल कर लिया है। बल्कि हमारी सफलता की कसौटी तो इस बात पर टिकी होती है कि हमने परीक्षा से पहले अपने लिये क्या लक्ष्य तय किया था और आज तक उसमें हम क्या कुछ पाने में कामयाब हुए हैं।

ऊपर लिखी हुई सभी बातों के साथ एक और ध्यान देने योग्य बात यह है कि कोई भी छात्र अपने परिवार वालों के सहयोग के बिना कामयाबी हासिल नहीं कर सकता। यदि परिवार के सभी सदस्यों की ओर से प्रोत्साहन मिलता रहे तो हमें अपने लक्ष्य की ओर बढ़ने में बहुत मदद, उत्साह और शक्ति मिलती है। हमारे माता–पिता अपने अनुभव से हमें यह सिखाते हैं कि रात कितनी भी काली क्यों न हो दीपक उससे कभी नहीं डरता, इसी से यह साबित होता है कि ज्ञान और आत्मविश्वास में कितनी शक्ति होती है। अंधेरा कितना भी गहरा क्यों न हो, वह उज़ाले को आने से नहीं रोक सकता।

टॉपर बनने वाले छात्रों की सदा यही कोशिश रहती है कि वे हर समय अपनी छोटी–से–छोटी शंका का भी समाधान अपने शिक्षक और मित्रों से लेते रहें। लगातार ऐसा करने से प्रतिभावान, बुद्धिमान छात्रों का दिमाग ज्ञान का एक सागर बन जाता है। वे हर छोटी से छोटी बात के मायने भी अच्छे से

जान लेते हैं, जो कि टॉपर बनने की राह को आसान बनाते हैं।

टॉपर बनने की सोच बनाना तो बहुत आसान है, लेकिन टॉपर बनना इतना आसान नही होता। क्योंकि अधिकांशः छात्र कभी आत्मविश्वास की कमी के चलते, कभी किसी और कारण से डावांडोल होने लगते हैं। हम जानते हैं कि कोई भी छात्र चाहे तो वह टॉपर बन सकता है। यदि आप भी सच में टॉपर बनना चाहते हो सबसे पहले खुद के अंदर यह विश्वास, यह यकीन पैदा करो कि मैं भी जमाने को कुछ करके दिखा सकता हूं। जैसे ही यह भावना आपके मन में उठेगी, आपका आत्मविश्वास इस आधे-अधूरे कार्य को पूरा करने में जुट जायेगा।

एक दिन एक छात्र ने सवाल किया कि मैं टॉपर कैसे बन सकता हूं? हमने उससे कहा कि तुम टॉपर बनने की चिंता छोड़कर सिर्फ अपनी पढ़ाई की ओर ध्यान दो। जिस दिन तुम्हारा सारा ध्यान पढ़ाई में लग गया, उस दिन तुम खुद-ब-खुद टॉपर बन जाओगे। जिस छात्र में एक बार टॉपर बनने का जोश पैदा हो गया, उसके सामने फिर चाहे कैसी भी चुनौती हो, वह हर तरह से उसका सामना करने के लिये खुद को तैयार कर लेता है। आपकी कामयाबी और सफलता को ध्यान में रखते हुए कुछ खास टिप्स और रणनीतियां नीचे प्रस्तुत की गई हैं।

- मेहनत, हिम्मत और लगन से कोई भी छात्र टॉपर बन सकता है।
- टॉपर बनने की रेखाएं केवल उन्हीं छात्रों के हाथ में होती है, जिनके दिलोदिमाग में सिर्फ पढ़ाई करने का जुनून रहता है।
- जीवन में चाहे कितने ही अभाव क्यों ना हों, यदि दृढ़ संकल्प और कड़ी मेहनत से अपने लक्ष्य में जुट जायें, तो सफलता जरूर मिलती है।
- यदि हम बेकार की चीज़ों के पीछे भागना छोड़कर सिर्फ अपनी क्षमताओं की कद्र करना शुरू दें तो सफलता को आसानी से पाया जा सकता है।
- टॉपर बनकर कामयाबी की कहानी लिखने वाले अपने बेकार के दोस्तों को कभी नींद से नहीं जगाते और अपने अध्यापकों को कभी चैन से बैठने नहीं देते।
- सबसे आगे रहने वाले छात्र यह कभी नहीं सोचते कि मैंने कल क्या खो दिया या मुझे कल क्या मिलेगा, क्योंकि वे जानते हैं कि ऐसा सोचने से उनका आज का दिन भी खराब हो जायेगा।

20. टॉपर्स के टॉप टिप्स

पुस्तक के इस अध्याय में हम पढ़ाई के क्षेत्र में सफलता और टॉपर बनने के सभी पहलुओं पर एक बार फिर से विचार करेंगे। इससे पहले हमने शिक्षा के महत्त्व से लेकर टॉपर बनने की तैयारी के बारे में हर चीज को विस्तार से स्पष्ट करने का प्रयास किया है। आज़ के दौर में छात्रों को हर मोड़ पर किसी–न–किसी से मुकाबला करना पड़ता है। आज आप सिर्फ अच्छे अंक पाकर खुद को सर्वश्रेष्ठ साबित नहीं कर सकते। इसलिये शायद परीक्षा की घड़ियां नज़दीक आते ही अधिकांश अभिभावक और अध्यापक छात्रों पर इस कदर दबाव बढ़ा देते हैं कि यह समय कुछ करने या मरने का है, लेकिन सकारात्मक सोच रखने वाले सदा कुछ कर गुजरने की बात तो कर सकते हैं मरने की नहीं। हमारा हर छात्र से यही अनुरोध है कि परीक्षा का समय बेकार की सभी बातों को भूलकर कुछ कर दिखाने का होता है। आपने अपने लिये जो भी लक्ष्य तय किया है, जो कुछ भी जीवन में बनना चाहते हो, उसके लिये बिना एक पल की देरी किये, अभी से युद्ध स्तर की तैयारी शुरू करनी होगी।

खासतौर से टॉपर बनने के लिये छोटे–मोटे कमाल करने से काम नहीं चलता, उसके लिये तो कुछ ऐसा करके दिखाना पड़ेगा, जो बेमिसाल हो। मनोवैज्ञानिकों का मानना है कि कोई भी छात्र सिर्फ पढ़ाई करके या संयोगवश सफल नहीं हो सकता। कुछ भी बनने के लिये इसके साथ चाहत का होना बहुत जरूरी होता है। जिसके पास चाहत होती है वह जो कुछ भी चाहता है उसे पाकर ही दम लेता है। पढ़ाई करने के साथ अपने लक्ष्य को हासिल करने के लिये यह भी आवश्यक होता है कि हम अपने मन को भटकने से रोकें और अपनी भावनाओं पर काबू रखें। क्योंकि हमारी सोच, हमारे विचारों का हमारे शरीर, मस्तिष्क और भावनाओं पर गहरा असर पड़ता है। किसी भी सफल छात्र के व्यक्तित्व के विभिन्न पहलुओं का आकलन करके उन सभी बातों को

जाना जा सकता है जिनकी बदौलत वे टॉपर बनने में सफल हो पाये हैं।

टॉपर बनने वाले कुछ खास छात्रों के गुणों का जब अध्ययन किया गया तो यह तथ्य सामने आए कि जिन्होंने असीम सफलता हासिल की है, उनकी बहुत सारी क्षमतायें एकसमान हैं। इसमें से मुख्य तौर पर पढ़ाई के प्रति लगन और लक्ष्य प्रप्ति का जुनून, सकारात्मक दृष्टिकोण, आत्मविश्वास, समय प्रबंधन और मन को बेचैन करने वाली भावनाओं पर नियंत्रण रखने की क्षमता खास है। सफलता का सपना देखने वाले छात्र एक सकारात्मक विचार को अपना बना लेते हैं। फिर सोते–जागते वे बाकी सबकुछ भूलकर हर समय उस विचार को हक़ीक़त में बदलने के बारे में ही सोचते रहते हैं। यही एक मात्र सफल होने का तरीका है।

हम चाहे कोई इमारत बनाना चाहें या सफल होने के लिये अपनी पढ़ाई की तैयारी करें, जरूरी है कि नींव शुरू से ही बहुत मजबूत होनी चाहिए। एक बार जिस छात्र का यह दृष्टिकोण बन जाता है, उसका सारा जीवन रोशन हो सकता है। टॉपर बनने वाले छात्र एक बार जब यह सपना मन में संजो लेते हैं तो वे हर पल सिर्फ और सिर्फ उसे पूरा करने के लिये प्रयत्नशील रहते हैं। ऐसी सोच रखने वाले अपने हर नकारात्मक विचार को सकारात्मक विचारों में तबदील करने की क्षमता रखते हैं।

इतना तो अब आप भी समझ गये होंगे कि टॉपर बनने के लिये हमें कुछ तो ऐसा करना पड़ेगा, जिससे हम दूसरे छात्रों से आगे रह पायें। अब ऐसा क्या करें, जो सामान्य छात्र नहीं करते। क्या कभी आपने ऐसा सोचने की कोशिश की है कि आप दूसरों से हटकर क्या बेहतर कर सकते हैं? हो सकता है कि एक दम से आपको कुछ ध्यान नहीं आयें, लेकिन यदि आप इस इशारे को समझने की कोशिश करेंगे तो जरूर कुछ–न–कुछ फर्क ढूंढ ही लेंगे। जिस किसी ने अपनी सोच को सकारात्मक बना लिया, समझो उसने आधी जंग तो उसी समय जीत ली। सकारात्मक सोच रखने वाले छात्र चिड़चिड़ेपन से दूर हमेशा खुश और संतुष्ट रहते हैं। यही सोच उन्हें दूसरे छात्रों से पढ़ाई में कहीं अधिक आगे रखती है।

यह सच है कि भगवान ने सभी व्यक्तियों खासतौर से छात्रों को एक जैसा बनाया है, लेकिन हर छात्र हर काम नहीं कर सकता, परंतु हर छात्र के अंदर कुछ–न–कुछ ऐसे गुण होते हैं जिनसे वह दूसरों से हटकर कुछ अलग कर

सकता है। कुछ विद्यार्थी यह कहते हैं कि मैं दूसरों से अधिक मेहनत करता हूं, लेकिन मैं उतना सफल नहीं हो पाता। अगर ऐसी बात है तो यह कहना पड़ेगा कि यहां फर्क कथनी और करनी में है, क्योंकि जो छात्र ईमानदारी और निष्ठा से पढ़ाई करते हैं, वे कभी असफल हो ही नहीं सकते।

टॉपर बनने का सपना तो बहुत सारे छात्र देखते हैं, लेकिन उसे पूरा करने के लिये जितने प्रयासों की आवश्यकता होती है, वे उतनी ईमानदारी से शायद नहीं कर पाते, इसलिये उनके सपने अधूरे रह जाते हैं, लेकिन जो सफलता हासिल करने की एक बार ठान लेते हैं, वे अपने दृष्टिकोण को सकारात्मक रखने के साथ समय की पाबंदी का भी पूरा ध्यान रखते हैं। साथ ही ऐसे छात्र अपनी कमजोरियों और क्षमताओं को अच्छे से पहचानते हुए पढ़ाई से जुड़े हर पहलू के प्रति सचेत और जागरूक रहते हैं। आइये अब इससे पहले की परीक्षा शुरू हो जाये, हम मिलकर टॉपर बनने के कुछ जरूरी टिप्स पर भी गौर कर लेते हैं।

नई सोच

हम जानते हैं कि अब तक दी हुई जानकारी को पढ़कर परीक्षा का पास करना कोई कठिन काम नहीं रह जायेगा, लेकिन हमारा उद्देश्य केवल आपको परीक्षा में पास होने के लिये जानकारी देना नहीं हैं, बल्कि आपको ऐसे सभी गुणों से अवगत कराना है जिनसे आप परीक्षा में टॉपर बन सकें। आज का दौर प्रतिस्पर्धा का दौर है। इसलिये जरूरी है कि हम सदा दूसरों से आगे रहने के लिये समय के साथ अपनी पढ़ाई–लिखाई की नई तकनीक और विचारों को अपनाएं।

दूसरों से सदा आगे रहने के लिये सबसे पहले तो यह देखना होगा कि दूसरे छात्रों में ऐसा क्या है, जो हमारे में नहीं है। आज की तारीख में हर काम करने के तरीके के साथ पढ़ाई करने के भी तौर–तरीके बदल गये हैं। धीरे–धीरे चलने वालों का कोई स्थान नहीं बचा। जो छात्र दौड़ में दूसरों से आगे रहने की इच्छा रखते हैं, वे कभी भी बार–बार मुड़कर पीछे नहीं देखते। उनकी नज़र सिर्फ़ और सिर्फ़ अपने लक्ष्य की ओर ही रहती है। हम कल क्या थे, उसे भूलकर यह प्रयास करना चाहिए कि हमारा आने वाला कल अच्छा बन सके। मन में नई सोच रखने वाले छात्र यह समझते हैं कि कल का दिन

रात के अंधेरे के साथ खत्म हो चुका है, उसे भूलकर आज के नये और खूबसूरत दिन का भरपूर फायदा उठाना चाहिए।

आज के दौर में पढ़ाई के साथ हमें देश–दुनिया के बारे में भी सब कुछ मालूम होना जरूरी है। यदि हम इतनी जानकारी नहीं रखते तो हम अपने दौर के छात्रों से मीलों पीछे छूट जायेंगे। कहने का भाव सिर्फ इतना–सा है कि बदलते दौर के साथ कदम–से–कदम मिलाकर चलना, चाहे हमारी मजबूरी हो, लेकिन यह हमारी तरक्की के लिये बहुत सहायक सिद्ध होगा।

टॉपर बनने वाले छात्रों से जब कभी विस्तार से बात की जाये तो वे एक बात खुले दिल से स्वीकार करते हैं कि जो पुस्तकें हमारे पास हैं, वे तो सभी छात्र पढ़ते हैं। आम छात्र कोर्स की पुस्तकों में ही इतनी माथापच्ची कर लेते हैं कि वे किसी नये विषय के बारे में सोचते ही नहीं। जबकि हमें उन विषयों के बारे में भी जानते रहना चाहिए, जो हमारे लिये बिलकुल नये हैं। ज्ञात से अज्ञात विषयों को जानकर ही हम खुद को सबसे श्रेष्ठ बना सकते हैं। जैसे–जैसे हम किसी नये विषय के बारे में जानने की प्रकिया में लिप्त होते जाते हैं, हमारे सामने ज्ञान के कई नये द्वार खुलने लगते हैं।

मदद लेने से न झिझकें

जब सारे साल का कोर्स खत्म होने लगता है तो उस समय हम बहुत ही शांत और सुस्त हो जाते हैं। कोर्स खत्म होते ही कुछ छात्र तो इतना अधिक आराम करना शुरू कर देते हैं कि जैसे परीक्षा ही खत्म हो गई हो। हमें कभी भी भूलकर ऐसी भूल नहीं करनी चाहिए। एक बार कोर्स खत्म होने के बाद एक–दो दिन आराम करना, कोई बुरा नहीं, लेकिन हमें तुरंत ही एक बार शुरू से सारे कोर्स को दोहराना शुरू कर देना चाहिए, क्योंकि जो अध्याय हमने आज से 8–10 महीने पहले शुरू–शुरू में पढ़े थे, हो सकता है कि वे हमें ठीक से याद भी न हों।

इस सारे कोर्स को दोहराते समय यदि हमें किसी भी प्रकार की परेशानी दिखाई देती है तो हमें बेझिझक अपने अध्यापक, माता–पिता या अन्य किसी भी ऐसे व्यक्ति से मदद लेनी चाहिए, जो विषय का विशेषज्ञ हो। ऐसी जानकारी लेते समय हमें अपने मन में किसी किस्म का डर नहीं रखना चाहिए कि हमारे अध्यापक हमारे बारे में क्या सोचेंगे? बल्कि मन में जितनी

भी शंकाएं हों, उन्हें विस्तार से विचार–विमर्श करते हुए समझना चाहिए। अपने अहंकार को भूलकर हर बात दिल खोलकर विषय को अच्छे से समझने का प्रयास करते रहना चाहिए। हमारे जीवन में यह बड़ी बात नहीं है कि हम आज कहां है? असल बात तो यह है कि हम किस दिशा में और कितनी गति से आगे बढ़ रहे हैं।

पिछले सैम्पल प्रश्नपत्रों के स्वरूप को समझें

परीक्षा की तैयारी करना किसी जंग जीतने से कम नहीं होता। एक ओर जहां इसके लिये बहुत अधिक तैयारी और समय की आवश्यकता होती है, वहीं हर समय मानसिक तनाव भी हमें परेशान करने लगता है, लेकिन यदि समय रहते परीक्षा से पहले ही तैयारी शुरू कर दी जाये तो फिर चाहे विषय कोई भी हो, किसी प्रकार की कठिनाई नहीं होती। इस तैयारी के दौरान आदर्श रूप से तैयार की गई अच्छी अध्ययन–सामग्री के साथ–साथ हमें पिछले वर्षों के प्रश्नपत्रों के स्वरूप को भी समझने की आवश्यकता होती है।

हर विषय के सैम्पल पेपर हल करते रहना चाहिए ताकि हमें अपनी कमियों और गलतियों का समय रहते ही मालूम हो सके और अभ्यास करते हुए उनमें सुधार किया जा सके। जो छात्र जितने अधिक सैम्पल पेपरों का अभ्यास कर लेते हैं, उनकी तैयारी उतनी ही अच्छी हो जाती है। एक ओर हमें पेपर का पैटर्न समझ आने लगता है, साथ ही हमारे आत्मविश्वास में भी बढ़ोतरी होती है। सैम्पल पेपर हल करते समय हमें अपने समय का भी ध्यान रखना चाहिए ताकि परीक्षा के दौरान हम समय प्रबंधन का पूरा ध्यान रख सकें। इससे न तो किसी प्रश्न के लिये अधिक समय बेकार होगा और न ही किसी प्रश्न का उत्तर लिखते हुए समय की कमी महसूस होगी।

जो विषय जरूरी हों, उन्हें सूचीबद्ध तरीके से प्राथमिकता के आधार पर करने के प्रयास से बहुत हद तक तनाव से बचा जा सकता है। सफलता पाने के लिये सच्ची लगन से टिककर पढ़ाई करने की जरूरत होती है। किसी भी परीक्षा में सफलता पाना कोई मुश्किल काम नहीं है, केवल आपके इरादे पक्के तौर पर मजबूत होने चाहिए। सदा अपनी योग्यता पर भरोसा रखिए, योग्य छात्र को सफलता मिलने में थोड़ी देर जरूर हो सकती है, लेकिन वह कभी भी असफल नहीं होता।

बड़ी सोच

बड़ी सोच के बड़े फायदे होते हैं। जब तक हम बड़े–बड़े सपने नहीं देखेंगे बड़े लक्ष्य तय नहीं करेंगे तो आप ही बताओ कि हम टॉपर कैसे बन सकते हैं? इसी बात से जुड़ा हुआ एक छोटा–सा उदाहरण आपको बताते हैं। एक बार मैं और मेरा दोस्त वीरू, इंडिया गेट पर चहलकदमी कर रहे थे कि अचानक हमारे नजदीक एक मर्सिडीज बेंज कार आकर रुकी। उसमें से शानदार वर्दी पहने हुआ उस कार का ड्राइवर नीचे उतरा। उसने कार का पीछे वाला दरवाजा खोला और उसमें से एक साहब उतरकर आगे की ओर बढ़ गये।

मेरा दोस्त वीरू मुझसे बोला– "इस ड्राइवर ने भी क्या किस्मत पाई है! कितनी शानदार कार में सारा दिन घूमता है।" मैंने कहा– "तूने क्या सिर्फ ड्राइवर को देखा है? क्या तुझे मर्सिडीज बेंज कार का मालिक दिखाई नहीं दिया। तेरे जैसे लोग, जो सिर्फ ऐसे ड्राइवर को देखकर खुश होते हैं, उनकी सोच सिर्फ वहीं तक काम करती है। जबकि जो लोग उसके मालिक की तरह बनना चाहते हैं, वे अपने दिलोदिमाग में एक बड़ा लक्ष्य रखकर आगे बढ़ते हैं।"

वीरू ने मुझसे कहा– "तुम्हारे कहने का क्या मतलब है कि यदि मैं मर्सिडीज बेंज कार रखने का सपना देखूंगा तो मुझे यह कार मिल जायेगी।" मैंने कहा– "हो सकता है तुम्हें यह कार न मिल पाये, लेकिन एक बार जब तुम इतनी बड़ी कार पाने का सपना देखोगे तो यह बात पक्की है कि अगर यह कार न भी मिली तो इससे छोटी कार तो जरूर तुम्हें मिल जायेगी। लेकिन यदि तुम सिर्फ ड्राइवर बनने का ख्वाब ही मन में पाले रहे तो उससे आगे कभी नहीं बढ़ पाओगे।"

तब भी मेरे दोस्त को मेरी बात समझ नहीं आई तो मुझे उसे समझाना पड़ा कि हमारे देश के भूतपूर्व राष्ट्रपति डॉ. ए.पी.जे. अब्दुल कलाम साहब एक समय लोगों के घर में सुबह अखबार बांटा करते थे, लेकिन उनकी बड़ी सोच ने न सिर्फ उन्हें दुनिया का महान वैज्ञानिक बनाया, बल्कि वे हमारे देश के राष्ट्रपति भी बने। यह सुनकर वीरू को समझ आया कि बड़ा बनने के लिये सच में बड़ी सोच का होना बहुत जरूरी है।

धैर्य

कुछ हासिल करने का जज्बा एक ऐसी चीज़ है, जो हमें बड़ी–से–बड़ी परेशानियों से लड़ने की ताकत देता है। यह जज्बा उत्पन्न होता है हमारे अपने आत्मविश्वास से। यह आत्मविश्वास भरा जज्बा ही हमें लगातार परीक्षा में सफल होने की प्रेरणा देता रहता है। एक सफल छात्र और दूसरे छात्रों में साहस का अंतर नहीं होता, न ही ज्ञान का अंतर होता है, बल्कि अंतर होता है तो केवल धैर्य और इच्छाशक्ति का।

टॉपर बनना या सबसे अधिक अंक लेकर सफलता पाना कोई साधारण बात नहीं होती। जिस प्रकार किसी मूल्यवान वस्तु अथवा महत्त्वपूर्ण चीज़ की जानकारी विवेक से ही हासिल होती है, उसी प्रकार सफलता पाने के लिये हमारी दृष्टि में जौहरी जैसी परख होनी चाहिए। वह होगी तो हम अपनी मूल्यवान चीज़ पा लेंगे और ज्ञान जैसे महत्त्वपूर्ण खज़ाने को व्यर्थ नहीं जाने देंगे।

यदि सामान्य छात्रों की तरह ही पढ़ाई करके हम टॉपर बनने का सपना देख रहे हैं तो यह शेखचिल्ली के हसीन सपनों जैसा ही है। जाहिर है कि मौजूदा दौर में सफल होने के लिये हमें साधारण स्तर से उठकर बहुत ही कुशल तरीके से तैयारी करने के साथ हर विषय में दक्षता हासिल करनी होगी। इस कड़ी प्रतिस्पर्धा में खुद को सबसे अलग साबित करना होगा। यह सब तभी मुमकिन हो पायेगा, जब हम बड़े धैर्य से अपनी प्रतिभा को निखारते रहें।

किसी भी छात्र की कामयाबी का राज इस बात पर भी निर्भर करता है कि वह अपनी समस्याओं को कितने धैर्य से हल कर पाता है। मानसिक तनाव और मुश्किल समय में नकारात्मक भावनाएं हमारी मानसिकता को बुरी तरह प्रभावित करती हैं। ऐसे में यह जरूरी होता है कि हम हर प्रकार की चुनौती का हिम्मत के साथ सामना करें।

लीक से हटकर करें तैयारी

दूसरों से आगे रहने के लिये हमें लीक से हटकर न सिर्फ सोचने की बल्कि कुछ नया करना भी पड़ता है। जो रास्ता पहले से ही बना हुआ हो, जिस रास्ते पर पहले से ही सभी छात्र चल रहे हों, वे भीड़ का हिस्सा तो बन सकते हैं, लेकिन कुछ नया या कुछ हटकर नहीं कर पाते, क्योंकि भीड़ में

कभी भी टॉपर नहीं होते और टॉपर छात्रों की कभी भीड़ नहीं होती। भीड़ का हिस्सा बनना तो आम बात है, कुछ खास बनने के लिये कुछ खास किस्म की लीक से हटकर तैयारी भी करनी पड़ती है।

अपनी मदद के सभी स्रोतों की जानकारी अपने पास रखें

सदा सफल रहने वालों छात्रों का एक खास रहस्य यह भी होता है कि वे दूसरों के विचारों से भी अपने ज्ञान को बढ़ाते रहते हैं। वैसे भी कहा जाता है कि ज्ञान वह धन है, जो चाहे किसी से भी ले लो, कभी वापिस नहीं करना पड़ता। इसी के साथ हमारी हर प्रकार की अज्ञानता के अंधकार को मिटाने के लिये केवल ज्ञान का दीपक ही मदद कर सकता है।

यहां यह बात कहने का भाव सिर्फ इतना है कि अच्छे गुण जहां से भी मिले, उन्हें ग्रहण करने में देरी नहीं करनी चाहिए। इसलिये जहां तक हो सके, अपने दोस्त–मित्र, अध्यापक, पुस्तकालय जहां से भी परीक्षा की तैयारी के लिये बेहतर जानकारी मिल सके, लेते रहना चाहिए ताकि आख़िरी समय में किसी प्रकार की कोई समस्या हमारे सामने ना आ जाये।

समय सीमा का ध्यान रखें

आज के इस युग में हर कोई तेज़ चलना चाहता है, लेकिन हर छात्र की पढ़ने और लिखने की अपनी अलग क्षमता होती है। कुछ छात्र बहुत जल्द विषय पर अपनी पकड़ बनाकर बहुत ही बढ़िया लेख लिख डालते हैं। आमतौर पर यह माना जाता है कि जिन छात्रों में ऐसी प्रतिभा होती है, वे दूसरों की तुलना में अधिक समझदार होते हैं। इसलिये शायद ऐसे विद्यार्थियों को सफलता के अवसर बहुत जल्द मिलने लगते हैं। ऐसे में हर छात्र को चाहिए कि अपने हर काम को बड़े ही ध्यानपूर्वक और तय समय–सीमा के अंदर करें ताकि हम दूसरों से पीछे न रह जायें।

ऐसे लगन से पढ़ने वाले छात्रों को घड़ी भी सिर्फ उस समय देखनी चाहिए, जब उनकी पढ़ाई पूरी हो जाये। परीक्षा की तैयारी करते समय कभी भी बार–बार घड़ी को नहीं देखना चाहिए, क्योंकि घड़ी सफलता के द्वार पर ताले का कार्य करती है। घड़ी को देखने की बजाय आप भी वही करें, जो यह करती है, यानी सदा चलते रहें।

कमियों को स्वीकार करना सीखें

हमारी सबसे बड़ी कमजोरी यह है कि हम अपनी कमियों के बारे में जानते तो हैं, लेकिन उन्हें स्वीकार नहीं करते। जब तक हम अपनी कमियों को स्वीकार नहीं करेंगे तो उन्हें सुधारा भी नहीं जा सकता। डॉक्टर भी किसी मरीज़ को तभी ठीक कर पाता है, जब मरीज़ उससे अपनी बीमारी के बारे में ठीक से बताता है। अगर वह कुछ भी अपने डॉक्टर से छिपायेगा तो उसका इलाज़ कोई भी डॉक्टर नहीं कर पायेगा।

इसलिये तो कबीर साहब ने यह कहा था कि जो कोई आपकी निंदा करता हो या जो आपकी कमियों को उजागर करता है, उसे सदा अपने नज़दीक ही रखो, क्योंकि जो कमियां वह हमारे अंदर देख सकता है, वे तो हम खुद भी नहीं देख पाते। यहां तो हम सभी छात्रों को यह सुझाव देना चाहेंगे कि किसी भी विषय को दोहराते समय हमें एक विद्यार्थी के साथ–साथ आलोचक की भूमिका भी निभानी चाहिए। जहां भी कोई कमी दिखाई दे, उसे तुरंत मंजूर करते हुए सुधार के प्रयास करने चाहिए।

इस बात से कोई भी इनकार नहीं कर सकता कि पढ़ाई चाहे कैसी भी हो, किसी भी छात्र का पढ़ने को आसानी से मन नहीं करता, लेकिन यदि अच्छे अंक पाकर टॉपर बनना है तो आपको एक बार तो इस कड़ी परीक्षा से गुजरना ही पड़ेगा। पढ़ाई, ज्ञान और टॉपर बनने के बारे में जितना कुछ भी लिखा जाये, वह शायद कम ही होगा। हमने भी करीब–करीब हर उस पहलू को उजागर करने की कोशिश की है, जो आपको टॉपर बनाने में सहायक सिद्ध हो सकती है। जो छात्र इतनी तैयारी कर लेते हैं, उन्हें फिर इसके बाद सफल होने के लिये चिंता करने की जरूरत नहीं होती। इसी के साथ एक खास बात को कभी मत भूलना कि टॉपर बनने के लिए लिया गया आपका अपना संकल्प किसी भी और संकल्प से अधिक महत्त्व रखता है। इसके बाद का कुछ काम तो प्रभु–परमेश्वर के करने के लिये भी छोड़ देना ठीक रहेगा।

अच्छा खाना और नींद

परीक्षा के दिनों में कई छात्र एक गलती बार–बार करते हैं। यह गलती है समय पर ठीक ढंग से खाना नहीं खाना और न ही पूरी नींद लेना। जबकि

अध्यापकों के साथ–साथ डॉक्टर भी यही सलाह देते हैं कि हमें कम–से–कम 6 से 7 घंटे की नींद लेना जरूरी है। जाने–माने विशेषज्ञ इस बारे में बताते हैं कि रात को एकदम से कभी नहीं सोना चाहिए, बल्कि बिस्तर पर लेटकर कुछ समय तक शांत मन से दिन में पढ़े हुए सभी विचारों को दोहराते रहना चाहिए। इससे नींद भी बढ़िया आती है और एकाग्रता भी बढ़ती है।

इसी के साथ डॉक्टर्स यह राय भी देते हैं कि हमें अपने खाने में किसी प्रकार की कोताही नहीं बरतनी चाहिए। बड़े बुजुर्ग अपने अनुभव के दम पर इसी बात को सीधे तौर पर समझाते हैं कि जब तक गाड़ी में पेट्रोल पूरा नहीं होगा तो गाड़ी चलेगी कैसे? कहने का भाव सिर्फ इतना है कि यदि हमारे शरीर में पूरी ऊर्जा नहीं होगी तो हम न तो ठीक से पढ़ाई कर पायेंगे और न ही परीक्षा में टॉपर बनने का ख्वाब पूरा कर पायेंगे। वैसे भी कोई व्यक्ति कितना भी व्यस्त क्यों न हो, लेकिन वह यह बात कभी नहीं कहेगा कि मेरे पास कार–स्कूटर में पेट्रोल डलवाने का समय नहीं है। इतनी छोटी–सी मिसाल से यह साफ हो जाता है कि हमारे लिये खाना खाने और आराम करने के लिये समय निकालना कितना जरूरी होता है।

परीक्षा के दिनों में हमें अपने खानपान पर भी उतना ही ध्यान देने की जरूरत होती है, जितना कि पढ़ाई के लिये। कुछ छात्र पढ़ाई करने में इतने मस्त हो जाते हैं कि उन्हें अपने खाने की भी सुधबुध नहीं रहती, जबकि इस दौरान खाने के साथ फल एवं सब्ज़ियां भी जरूर खानी चाहिए। स्वास्थ्य ठीक रखने के लिये खाना चाहे दिन का हो या रात का, हमेशा समय पर लेते रहना चाहिए, क्योंकि इतना तो हम सभी जानते हैं कि हमारा शरीर एक मशीन की तरह ही काम करता है और अभी तक कोई भी मशीन ऐसी नहीं बनी, जो बिना रुके दिन–रात लगातार काम करती रहे। हर मशीन को समय–समय पर थोड़ी देर रोककर आराम दिया जाता है वरना वह भी हमारा दूर तक साथ नहीं निभा पायेगी।

पौष्टिक भोजन खाने से हमें अधिक ऊर्जा मिलती है और हमारे मानसिक तनाव में भी कमी आती है। इसलिये हर थोड़े अंतराल पर फल, जूस या कुछ और हल्का खाना लेते रहना चाहिए। इन दिनों में जहां तक हो सके, तली हुई चीजों, अधिक चाय–कॉफी से परहेज़ रखना चाहिए। इसके अलावा टॉपर

बनने के लिये और क्या कुछ करना जरूरी होता है, उस पर भी एक नज़र डालते हैं।

- हर चीज़ की तरह टॉपर बनने की भी कुछ कीमत होती है, जो सिर्फ मेहनत से ही चुकाई जा सकती है।
- उज्ज्वल भविष्य बनाने के लिये अपने भूतकाल से सीख लेते हुए अपना सारा ध्यान वर्तमान पर फोकस करना चाहिए।
- यदि किसी परीक्षा में आप टॉपर नहीं भी बन पाते तो भी घबराने की कोई बात नहीं होती, क्योंकि इससे आपको टॉपर बनने का रहस्य तो मालूम हो जायेगा।
- हर परिस्थिति में शांत रहें तो जीवन में खुद को बहुत मजबूत पायेंगे, क्योंकि लोहा ठंडा रहने पर ही मजबूत होता है। गर्म रहने पर लोहे को मनमाफिक आकार में ढाल दिया जाता है।
- किसी भी विषय पर दुविधा होने पर बिना देरी किये किसी–न–किसी विशेषज्ञ से सलाह–मशविरा जरूर करें। विशेषज्ञ आपके अध्यापक, माता–पिता या कोई सीनियर दोस्त भी हो सकता है।
- अंतिम परीक्षा के लिये चाहे आपकी तैयारी कितनी भी अच्छी हुई हो, लेकिन कोशिश करके हर विषय पर पुनः विचार, पुनः अवलोकन, सुधार और संशोधन का कार्य आख़िरी समय तक करते रहना चाहिए।
- सफल होने के लिये किसी भी एक सवाल को दस बार हल करने की बजाय दस अलग–अलग सवालों को एक–एक बार हल करना चाहिए।
- एक बार यदि किसी छात्र ने अच्छे से मन बना लिया कि वह टॉपर बनना चाहता है तो वह एक दिन अवश्य ही टॉपर बन जाता है।
- बहादुर और बुद्धिमान छात्र कभी भी असंभव शब्द का प्रयोग नहीं करते, वे तो केवल अपनी निगाहें सफलता की मंजिल पर टिकाए रखते हैं।

यदि आपने अपने अंदर टॉपर बनने की प्रतिभा पैदा कर ली है तो सफलता किसी प्रकार का भेदभाव नहीं करेगी। कामयाबी केवल उन्ही छात्रों को मिलती है, जो सबसे बेहतर होते हैं। हमने पूरी ईमानदारी और निष्ठा से यह भरसक प्रयास किया है कि आपको टॉपर बनने के हर गुण और तकनीक

से अवगत कराया जा सके। साथ ही यह उम्मीद भी करते हैं कि आपको परीक्षा से जुड़े अपने हर सवाल का जवाब जरूर मिल गया होगा।

आख़िर में आपकी सफलता और उन्नति की कामना करते हुए केवल इतना ही कहना चाहेंगे कि कामयाबी कभी भी किसी को चमत्कार से नहीं मिलती लेकिन इस पुस्तक में लिखे हुए टॉपर्स के टॉप टिप्स आपको प्रेरित करने के साथ, आपकी ज़िंदगी बदलने की क्षमता रखते हैं, लेकिन उसके लिये शर्त सिर्फ इतनी है कि आप अपनी कार्यकुशलता और संकल्प में किसी प्रकार की कमी नहीं आने देंगे। हमें पूर्ण विश्वास है कि इस पुस्तक को पढ़ने के बाद आप किसी भी स्तर की परीक्षा का सामना कर सकेंगे। हमारी दुआ है कि आज के बाद हर कामयाबी पर आपका नाम हो और आपके हर कदम पर दुनिया का सलाम हो।

■■■

www.ingramcontent.com/pod-product-compliance
Ingram Content Group UK Ltd.
Pitfield, Milton Keynes, MK11 3LW, UK
UKHW021658190726
13853UKWH00001B/346

9 789351 653288